国民金融能力发展研究

尹优平◎著

中国金融出版社

责任编辑：张　铁
责任校对：潘　洁
责任印制：张也男

图书在版编目(CIP)数据

国民金融能力发展研究 / 尹优平著. — 北京：中国金融出版社，2020.12
ISBN 978-7-5220-0939-1

Ⅰ.①国… Ⅱ.①尹… Ⅲ.①金融 — 概况 — 中国 Ⅳ.①F832

中国版本图书馆CIP数据核字 (2020) 第244205号

国民金融能力发展研究
GUOMIN JINRONG NENGLI FAZHAN YANJIU

出版
发行 **中国金融出版社**

社址 北京市丰台区益泽路2号
市场开发部 (010) 66024766，63805472，63439533 (传真)
网 上 书 店 http://www.chinafph.com
　　　　　(010) 66024766，63372837 (传真)
读者服务部 (010) 66070833，62568380
邮编 100071
经销 新华书店
印刷 北京侨友印刷有限公司
尺寸 169毫米×239毫米
印张 15.25
字数 185千
版次 2021年1月第1版
印次 2021年1月第1次印刷
定价 60.00元
ISBN 978-7-5220-0939-1
如出现印装错误本社负责调换　联系电话 (010) 63263947

序 一

习近平总书记强调指出："金融是国家重要的核心竞争力，金融安全是国家安全的重要组成部分，金融制度是经济社会发展中重要的基础性制度。"改革开放以来，中国金融业经历了一场历史性变革，取得了前所未有的成就。特别是党的十八大以来，金融业保持快速发展，金融产品日益丰富，金融服务普惠性增强，金融改革有序推进，金融体系不断完善，守住不发生系统性金融风险底线的能力增强。

金融乃为国家命脉，教育本是民族未来。金融的不断发展对国民金融能力提出了更高的要求，提升国民金融能力有助于提高金融市场参与度和降低金融风险，反思国际金融危机得出的一个重要结论就是，提高国民金融能力是危机发生时抵御系统性风险的重要手段。国民金融能力关乎国家金融安全，是社会经济发展、金融改革与构建和谐社会的要求。如果爆发系统性金融风险，整个国民经济和国家安全都将受到破坏。国民金融能力是反映一个国家国民素质的重要指标，金融的健康发展离不开高素质的金融消费者。随着金融投资品种的不断增加和投资风险的日趋加大，金融消费者掌握必要的金融知识和技能，提升金融能力至关重要。如果一个人的金融决策失误，将会使家庭资产遭受损失，从而影响整个家庭的生活质量。

1

　　提升国民金融知识能力是金融消费者保护的基础性工作，也是金融消费者保护的第一道防线。一是有助于提升金融消费者的风险识别能力和自我保护能力，维护自身的合法权益。二是能够使消费者更快地适应发展变化的金融市场，在理性比较的基础上，进行投资理财、融资消费、养老储蓄等金融活动，从而实现增加收入、改善生活的目标。三是能够提高弱势群体获得金融服务的机会和权利，从而更好地促进普惠金融发展。四是提高金融消费者行为理性，能够更好地理解各项宏观经济金融政策，增强市场预期，进而提升经济金融体系运行的稳定性。五是能够更好地防控金融风险。近年来，民间借贷乱象、部分P2P网贷平台倒闭等，都对我国的金融稳定带来了一定的冲击。提升国民个体的金融能力，不仅可以保护其个人权益，而且在宏观层面上也有助于防控系统性金融风险，有助于维护国家经济安全。

　　经济安全是国家安全的基础。党的十九届五中全会公报提出，"要加强国家安全体系和能力建设，确保国家经济安全""实现经济行稳致远、社会安定和谐"，这为提升国民金融能力工作提出了新的要求。《国务院办公厅关于加强金融消费者权益保护工作的指导意见》明确要求：教育部要将金融知识普及教育纳入国民教育体系，切实提高国民金融素养。中国人民银行行长易纲在"2018金融街论坛年会"上强调，要"持续推进金融知识普及教育，加强对投资者的教育和消费者的保护"。从长远看，推进金融知识纳入国民教育体系是提升国民金融能力的重要一环。要构筑可持续、重实效、广覆盖的国民金融能力提升体系。

　　提升国民金融能力对个人发展和社会进步都将起到积极的作用，经验表明，国民金融能力的提升有利于提高国民素质，有利于推动金融创新和防范金融风险，有利于构建和谐社会。但是提升国民金融能力不是一朝一夕可以达成的。为了培养和提升国民金融能力，世界主要国家及国际组织均大力推动国民金融知识教育。例如，美国明确提出成立金融素养和教育委员会，将面向国民的金融教育正式纳入国家法案。英国在原金融服务局下设立"金融能力指导委员会"，负责研究制定并组织实施国民金融素质培养总体规划，在中学课程中引入金融能力教育内容。澳大利亚制定了金融知识教育国家战略，将金融知识教育纳入正规教育体系。印度中央银行与教育部合作推动将金融教育纳入全国性课程。日本中央银行积极推动将金融知识教育纳入课程大纲并公布了"金融教育规划"。经济合作与发展组织（OECD）推出全面的金融教育项目，发布《关于金融教育和认识的原则与良好实践》。二十国集团（G20）领导人签署了《金融教育国家战略的高级原则》。世界银行发布《金融消费者保护的良好经验》。2016年，我国作为二十国集团轮值主席国，与二十国集团成员共同制定《二十国集团数字普惠金融高级原则》，提出要重视消费者数字技术基础知识和金融知识的普及。

2013年，中国人民银行牵头研究制定了《中国金融教育国家战略》，并提交国际经济合作与发展组织，纳入其编写的《推进金融教育国家战略》。该战略明确了我国金融教育的治理机制、工作目标及实施措施。我国金融监管部门设立了负责金融消费者保护和教育的专门机构，建立了金融素质调查问卷和评估制度。中国人民银行在2017年、2019年全面开展消费者金融素养问卷调查，并分别发布了《消费者金融素养调查分析报告》。报告显示，全国消费者金融素养属于中等偏上水平，还有很大的提升空间，且发展存在着一定的不均衡，农村居民的金融知识水平明显低于城镇居民。中国金融教育发展基金会针对这种情况已经逐步开展农村金融教育及社会公众金融基础知识教育，其2019年发布的《中国农村居民金融素养抽样调查报告》显示，农村居民金融素养水平整体偏低，期待社会各界高度重视农村居民的金融能力培养，并推动金融知识教育尽快纳入我国国民教育体系之中。

《国民金融能力发展研究》一书对国民金融能力发展做了深入细致的研究，从多个维度和视角深刻分析和阐述了国民金融能力与防范和化解金融风险、深化金融改革、服务实体经济之间的密切关联，提出了具有中国特色的国民金融能力发展策略，具有现实的指导意义和借鉴启示作用。

本书作者具有深厚的理论功底和丰富的实践经验，对提升国民金融能力这一基础性、战略性问题一直保持关注，同时作者具有广阔的视野，注意借鉴吸收国际上的成熟做法和良好经验，填补了国内这一领域的研究空白。本书的研究仅仅是一个开始，希望全社会更多地关注这个领域，促使中国国民金融能力持续提升，提高国民的福祉，并推动社会进步和经济高质量发展。

是为序。

中国金融教育发展基金会理事长

2021年1月

序 二

  金融消费者既是金融市场的重要参与者，也是金融业持续健康发展的推动者，具备良好的金融素养和金融能力的金融消费者是维护金融稳定的重要基石。金融消费者乃金融业之"本"，唯"本"固，业方安。消费者具有金融能力，意味着金融消费者具有积极正确的金融意识和态度，拥有必要的金融知识和技能，有能力进行符合自身处境的金融活动，包括适当的理财方式、必要的风险控制、合理的资产规划和管理以及有效应对金融纠纷等，特别是在当前金融市场快速发展、金融产品不断增加的大环境下，更要求消费者提高金融能力，掌握适当的风险识别能力和正确维权意识。

  党中央、国务院高度重视金融消费者保护工作。习近平总书记指出，要加快建立完善有利于保护金融消费者合法权益、有利于增强金融有序竞争、有利于防范金融风险的机制。党的十九届五中全会提出，"国民素质和社会文明程度达到新高度，国家文化软实力显著增强""不断增强人民群众获得感、幸福感、安全感，促进人的全面发展和社会全面进步"，这些都为提升国民金融能力提供了根本原则和遵循。国务院办公厅发布的《关于加强金融消费者权益保护工作的指导意见》明确提出"要将金融知识普及教育纳入国民教育体系，切实提高国民金融素养"。《推进普惠金融发展规划（2016—2020年）》也提出"建立金融知识教育发展长效机制，推动部分大中小学积极开展金融知识普及教育，鼓励有条件的高校开设金融基础知识相关公共课。"加强金融消费者教育、提升国民金融能力有利于推动实现金融与经济良性循环，使社会公众共享金融改革发展成果。

然而，目前提升国民金融能力在理念和具体做法上还存在一些问题。例如，现阶段的理念仍主要为"金融知识普及"，无法衡量金融消费者"接收"金融知识的实际效果，难以达到切实维护金融消费者根本利益的目的。而且，金融知识普及和教育多是在"宣传周""宣传月"集中开展，金融知识纳入国民教育体系、金融教育示范基地建设、金融教育"云平台"等长期性、连贯性的定期"线上+线下"教育还处于探索实践阶段，金融知识普及和教育长效机制仍未建立。现阶段，金融教育的方式逐渐多元化，包括集中性的金融知识普及、金融知识竞赛、通过社交平台普及金融知识等，但是目前已有的金融教育宣传形式并未将能力培养与具体的金融业务相结合，没有完全把握不同类型消费者金融知识水平的短板和需求，没有进行分类教育和精准对接。同时，我国不同地区、不同金融消费者群体金融知识水平差距较大，基点不同以及金融教育资源的不平衡导致金融教育工作存在着发展不均衡问题。尤其是欠发达地区和边远地区以及农民、在校学生、劳务流动人口、妇女、残疾人等弱势群体，获取金融知识普及和教育的机会相对较少，金融消费者的素质水平和投资偏好呈现较大差异性，对金融知识的需求呈现个性化和多样性。特别是在数字技术飞速发展的背景下，年轻人、高学历、高收入群体能够充分利用数字技术，很方便地了解和使用金融产品和服务，而老年人、低学历、低收入、乡村居民群体对网络技术、移动支付等线上金融产品缺乏了解，在一定程度上拉大了数字鸿沟。

提升国民金融能力既要积极借鉴国际良好经验做法，遵循金融能力发展的一般规律，也要充分结合中国国情，应重点从以下几个方面共同发力。一是坚持金融为民，注重顶层设计。金融消费权益保护秉持的金融为民理念，是以人民为中心发展思想在金融领域的生动实践，体现在国民金融能力的提升方面，就是要让社会各层面的人民群众都能享受到金融知识的普及教育权利。因此，需要加强顶层设计，制定金融能力发展长远规划，形成长效工作机制。从国家层面出台提升金融能力发展的指导意见，建立健全发展金融能力保障机制，形成齐抓共管的工作格局。同时充分发挥教育部门在金融基础知识普及教育方面的主导作用，加快金融知识纳入国民教育体系进程。二是坚持立法先行，注重教育为先。通过法律法规和顶层制度设计，明确金融消费者的受教育权等相关权利。可由国务院制定行政法规，建立健全相关教育机制，将金融教育制度化、常态化，将金融受教育权保护上升到国家强制力保护的层面。确定符合国情的金融教育框架，制定分层推进、针对性强的金融教育安排，编写可推广的金融知识教材，并将金融知识科学地纳入国民教育体系。同时明确各类金融机构、社会团体的权利义务，增强金融教育工作的规范性。三是坚持守正创新，注重科技赋能。监管机构、金融机构和社会各方开拓新型金融宣传模式，如运用互联网、手机APP等新媒体方式，形成线上媒体全力推广，24小时全维度、全方位、多角度、多层次"互联网＋"宣传态势。积极利用数字技术推进金融教育，拓宽金融教育渠道,为金融消费者提供便捷的获取信息及学习的机会。及时向社会公众提供系统的金融知识及完备的教育教程。通过金融科技创新发展提高民众金融活动参与度、便捷度，深化民众对金融知识的认知程度。四是坚持统筹协调，注重多方联动。提升国民金融能力，实现金融教育的长远目标，需要融合教育部门、金融管理部门、行业协会、金融机构、学校等多方力量，建立综合性工作机制。从中央到地方，各级政府都要承担起金融教育的主体责任，同时也要积极发挥金融市场主体和行业组织的补充作用。金融管理部门要统筹协调国家金融教育计划的制定和实施，整合现有的金融教育资源，有计划、系统性地推进金融教育。中央和地方财政应增加金融教育专项经费，并列入各级政府财政年度预算之中。教育部门应在小中高教育阶段，增加金融教育课程专项支出，探索并建立金融教育经费投入稳定增长机制。教育部门、金融机构、行业协会等组织应积极协作，开发多样化的金融知识教材。

提升国民金融能力是一项长期的系统工程，需要金融消费者、金融机构、教育部门共同努力，久久为功。提升国民金融能力不仅有助于引导金融消费者树立正确的投资理念和风险防范意识，弘扬契约精神，强化法治意识，优化金融生态环境，推进社会信用体系建设，从而推动践行社会主义核心价值观；而且有助于降低金融市场信息不对称，纠正市场失灵，提升金融市场有效性，这对于健全完善现代金融体系，进一步增强金融体系的韧性和抗风险能力，守住不发生系统性金融风险底线，推动金融业持续健康高质量发展具有重要意义。

是为序。

余文建

中国人民银行

金融消费权益保护局局长

2021年1月

前　言

　　世界银行认为，金融能力（Financial Capacity）是指金融消费者在既定的社会经济条件下，作出适当金融决定并以最佳金融利益行事的能力，包括引导消费者作出符合自身实际金融决定的知识、技能、态度和信心。2008年国际金融危机后，全球政策制定者逐渐意识到金融能力对维护金融体系安全与稳定具有重要意义，并开展了一系列金融教育活动，旨在提升金融消费者的金融风险防范意识和自我保护能力，为防范和化解金融风险、推动金融业高质量发展提供了有力的智力支持和良好的金融生态。

　　突如其来的新冠肺炎疫情，对我国经济社会发展造成了较大冲击，也对金融业发展、金融消费者保护和国民金融能力发展提出了挑战。但我国经济长期向好的基本面没有改变，疫情的冲击是短暂的，总体是可控的。危和机总是同生并存的，克服了危即是机。疫情对产业发展既是挑战，也是机遇，一些传统行业受冲击较大，而金融科技、5G网络、大数据中心、人工智能、在线消费等新兴产业展现出强大的成长潜力，这些都为数字时代发展国民金融能力提供了有利条件。

　　加强金融消费者教育，提升国民金融素养和金融能力，既是对金融消费者的预防性保护，也是推进普惠金融发展的重要内容。近年来，中国人民银行联合其他金融管理部门及教育部门，通过开展集中性金融知识普及教育活动与推进金融知识纳入国民教育体系相结合的方式，持续深化金融知识普及和金融消费者教育。在此基础上，定期开展消费者金融素养问卷调查和金融知识纳入国民教育体系有效性评估，跟踪了解金融素养改善情况及校园金融教育实施效果，进一步优化相关工作机制，推动国民的整体金融素养和金融能力进一步提升，促进金融消费者保护和普惠金融事业行稳致远。

本书在总结分析国内外金融能力研究已有成果的基础上，从金融能力概念的由来及其与金融素养、金融教育、金融知识普及的关系，国民金融能力发展的国际经验、中国实践、战略框架、数字时代国民金融能力发展等方面对国民金融能力发展作了深入细致的专题研究，站在历史和当下、国际和国内、理论和实践、展望和策略多个维度和视角，深刻分析并阐述了国民金融能力与防范和化解金融风险、深化金融改革、服务实体经济之间的密切关联，提出了具有中国特色的国民金融能力发展策略，具有现实的指导意义和借鉴启示作用。

一是更深刻地把握金融能力与金融消费者保护、普惠金融之间的内在联系。2016年二十国集团（G20）杭州峰会通过的《二十国集团数字普惠金融高级原则》包括金融消费者保护和金融消费者教育的相关内容。"授人以鱼，不如授人以渔"，只有通过金融教育，提高金融消费者接受和使用金融产品及服务的信心，提升金融能力，使其能够有意识、有目的、有选择地进行金融消费和投资，才能使更多的金融消费者和普惠金融服务对象"懂金融、信金融、用金融、受益于金融"，真正融入普惠金融体系中，更好地分享金融业改革发展的成果。金融消费者教育是一种预防性保护。金融消费者保护很重要的一个方面是自我保护和救济、依法理性维权。金融消费者的金融福利能否实现，很大程度上取决于消费者自身的金融能力。金融消费者、金融机构、金融管理部门都要牢固树立"负责任金融"的理念，在推进金融消费者教育、发展国民金融能力方面发挥应有的作用。

二是更深层次地提升金融能力，推动金融治理体系和治理能力现代化。金融是现代经济的核心、实体经济的血脉。健全现代金融体系是推进国家治理体系和治理能力现代化的重要一环。党的十八大首次提出了建设现代金融体系这个目标，党的十九届四中全会进一步提出，健全具有高度适应性、竞争力、普惠性的现代金融体系。贯彻落实党的十九届四中全会精神，在新的起点上持续推进金融治理体系和治理能力现代化，应当坚持市场化、法治化和国际化的思路，坚持共建共治共享的理念，充分发挥市场在资源配置中的决定性作用，更好地发挥政府作用，有效弥补市场失灵，推动金融要素配置依据市场规则、市场价格、市场竞争，实现效益最大化和效率最优化，使社会公众能够共享金融业改革发展成果。发展国民金融能力是建设现代金融体系、提升金融治理能力的重要内容。要持续提升国民金融能力，进一步畅通信访、投诉、举报、政务公开、规范性文件征求意见、行政处罚的陈述、申辩、听证等金融消费者参与金融治理的渠道，充分发挥其在引导预期、解读政策、改进工作机制、优化业务流程、提升治理能力等方面的作用，提升金融消费者参与金融治理的积极性和主动性。

三是更好地服务支持实体经济、防范和化解金融风险、深化金融改革三大任务。无论是金融支持实体经济、防范和化解金融风险，还是深化金融改革、加强金融监管，都离不开金融消费者保护和提升国民金融能力的"润滑剂"和"减压阀"的特殊作用。

在金融支持实体经济方面，核心在于降低融资成本，针对新经济轻资产、高风险、盈利不稳定等特点，通过重视金融科技的作用、完善差异化金融机构体系、发展普惠金融等措施，引导金融服务实体经济。在防范和化解金融风险方面，要通过加强金融消费者教育，有效提升国民金融能力，使金融消费者尊重市场规律、践行契约精神，增强对风险的认知和自我保护，合理运用金融产品和服务，实现财富的保值增值和对美好生活的向往，正确接受打破刚性兑付的市场规律和法律后果，自觉远离非法金融活动。在加强金融监管和深化金融改革方面，公众可以通过参与金融法律法规规章征求意见、举报金融违法违规行为、依法理性投诉维权等方式深度参与国家金融治理体系，促进完善金融监管制度、及时查处金融违法行为、有效化解金融纠纷，运用制度威力应对风险事件的冲击，推进金融治理体系和治理能力现代化。

2020年10月29日，党的十九届五中全会审议通过了《中共中央关于制定国民经济和社会发展第十四个五年规划和二〇三五年远景目标的建议》（以下简称《建议》），提出了"十四五"时期经济社会发展的指导方针和主要目标，描绘了2035年基本实现社会主义现代化的宏伟蓝图。《建议》强调"构建金融有效支持实体经济的体制机制，提升金融科技水平，增强金融普惠性""完善现代金融监管体系，提高金融监管透明度和法治化水平，完善存款保险制度，健全金融风险预防、预警、处置、问责制度体系，对违法违规行为零容忍""维护金融安全，守住不发生系统性金融风险底线"，《建议》在提出到2035年基本实现社会主义现代化远景目标时，特别强调"国民素质和社会文明程度达到新高度"，《建议》还从"增强学生文明素养、社会责任意识、实践本领""发挥在线教育优势，完善终身学习体系，建设学习型社会"等方面对建设高质量教育体系作出重要部署，这些都为进一步加强金融知识普及教育和金融消费者权益保护、加快提升国民金融能力提出了新的更高要求，也为持续深化国民金融能力发展研究进一步指明了前进方向，提供了重要遵循。

发展国民金融能力是一项基础性、长期性和全局性的工程，要站在全面贯彻落实党的十九届五中全会精神、强化金融服务实体经济能力、有效防范和化解金融风险、推进金融双向开放、服务打赢打好精准脱贫攻坚战与实施乡村振兴战略、全面推进普惠金融发展的高度充分认识此项工作的重要意义，坚持以人民为中心的发展思想，切实增强责任感和使命感，久久为功、持续用力。要坚持政府主导、精准分类施策，遵循认知规律、突出可教时刻，注重实践技能、兼顾城乡差异，在加强顶层设计、坚持科技赋能、发展数字普惠、解决数字鸿沟、注重以人为本等方面全面发力、统筹施策，切实维护国家金融安全、促进社会和谐稳定、守住老百姓"钱袋子"，有效推动金融消费权益保护工作高质量发展。

目 录

第三章／国民金融能力发展：中国实践

第四章 ╱ 国民金融能力发展的战略框架

第五章 ╱ 数字时代的国民金融能力发展

第六章 / 国民金融能力发展：展望与策略

第一章 / 总论

　　开展国民金融能力发展研究，需要从基本的概念入手、追根溯源，进而作出科学的判断和准确的定位。本章从"能力"和"金融能力"的含义出发，分析了"金融能力"概念的主要特征。开展国民金融能力发展研究，还需要从国家层面、社会层面、公众层面分析国民金融能力发展的必要性，在政治建设、经济金融发展、文化建设（主要是金融生态环境）方面强调国民金融能力发展的重要意义。

　　加强国民金融能力研究方面的国内国际比较分析是重要的研究方法和研究视角。按照这个思路，本章还对国民金融能力研究情况从国内、国际两个层面进行梳理，进而提出总体的研究思路和研究框架。国外研究主要集中在"金融能力"概念的起源和发展、"金融能力"的概念、内容和功能、金融教育的内容和主要途径、金融教育对金融行为的影响、金融能力和财富积累等方面，对该问题的研究具有一定的广度和深度；国内研究主要集中在金融素养及其影响、金融素养与金融行为的关系、金融知识与家庭财富积累、数字经济和数字金融下的金融消费者保护和教育，总体上仍处于起步阶段，这就为我们充分运用数字普惠金融和金融科技发展成果，持续深化国民金融能力发展研究，特别是强化数字时代金融能力培养研究提供了有利条件和广阔空间。

第一节　国民金融能力概述

一、金融能力的概念

（一）从词义到定义

"能力"一词在汉语发展的历史潮流中渊源已久。《史记·李斯列传》有云："上幸尽其能力，乃得至今。"《吕氏春秋·适威》云："民进则欲其赏，退则畏其罪，知其能力之不足也！""能力"一词，主要有如下含义：第一，完成一项目标或者任务所体现的"综合素质"；第二，直接影响活动效率，并使活动顺利完成的个性心理特征；第三，与完成一定的实践相联系，离开了具体实践既不能表现人的能力，也不能发展人的能力；第四，掌握和运用知识技能所需的心理特征；第五，达成一个目的所具备的条件和水平；第六，生命物体对自然探索、认知、改造水平的度量。

英文中表达能力的词汇主要有"competence""ability""capacity"和"skill"。从大体上看，"competence"为能力素质，指在任务或情景中表现的一组行为；"ability"和"capacity"指能力的大小；"skill"则指"做事情的技巧"。更具体地来看"ability"和"capacity"，"ability"的含义较广，主要指人具有从事体力或脑力劳动的能力，并且具有能够干好的暗示意味，而"capacity"主要指人或物的容纳或吸收能力，常常表现为潜在的能力。

在金融领域，"金融教育""金融素养"和"金融能力"虽然含义各自有所侧重，但是在实践中却经常交替使用。在英语中，西方主要使用"Financial Capacity"来表达中文中的"金融能力"，在金融能力的认识和理解上，西方基本形成了一套相对完善的理论体系。Marson 和 Hebert 认为，金融能力是以符合个人利益和价值的方式独立管理个人财务的能力，因此，金融能力不仅包括外在的行为表现（如支付账单、确认金额等），而且包括对个人利益最大化、指导金融选择的价值观以及提升独立性等的判断能力。不同个体的金融经验和金融能力会因其背景和经历的不同而不同，主要影响因素可能包括受教育程度和社会经济地位。

世界银行认为，金融能力（Financial Capacity）是指金融消费者在既定社会经济条件下，作出适当金融决定并以最佳金融利益行事的能力，包括引导消费者作出符合自身实际金融决定的知识、技能、态度和信心。金融素养是指人们对于与个人理财有关的核心概念的理解能力，侧重于认知，内涵要窄于金融能力。金融教育是提高金融能力的工具。经济合作与发展组织（OECD）认为，金融教育是一个过程，在这个过程中金融消费者或投资者不断提高对金融产品、金融概念和金融风险的认识；通过信息、指导、客观建议提升金融技能、树立金融信心，从而愈加了解金融风险，提升作出明智决定的机会，明白去何处寻求帮助以及采取其他有效的行动为自身谋求金融福利。[①]金融知识普及是指通过多种方式增加社会公众对金融知识、金融产品及服务的了解和掌握，增强社会公众在金融活动中的风险防范意识和理性投资理财的能力，进而运用金融产品和服务、金融工具和技能，实现财富的保值增值。

---

① 世界银行. 金融消费权益保护的良好经验（2017年版）[M]. 中国人民银行金融消费权益保护局译，2019：241.

根据研究和实践分析，"金融能力"概念主要有如下特征：第一，与实践相联系；第二，金融能力是一项综合指标，维度主要包括知识储备、选择判断能力和价值观范畴（如对金融市场的态度、看法和信心）；第三，金融能力可以帮助金融消费者按照所处的条件使其个人利益最大化；第四，从英文"Capacity"来看，金融能力是一种潜能，且有较大的改变空间。对此，本书所称金融能力是指认识金融市场及其与个人条件的适配性，并据此作出符合个人利益的决策的主观能动性，维度包括知识储备、应用能力和金融价值观。

（二）国民金融能力与国民金融素养的区别和联系

1. 金融素养

与金融能力相比，国内对金融素养（Financial Literacy, Finit）的认识相对较早，熟悉度较高。但目前国内外的研究都较少深入分析二者所存在的区别。

"素养"一词出自《汉书·李寻传》"马不伏历，不可以趋道；士不素养，不可以重国"，有修习涵养之义。在如今的知识经济时代，"素养"一词的含义大为扩展，包括思想政治素养、文化素养、业务素养、身心素养等各个方面。金融素养英文为 Finit，是 Financial Literacy 的简写。早期不少学者将金融素养等同于金融知识，尤其是个人对基本金融概念的了解。随着研究的深入，金融素养的内涵也在不断地丰富。OECD 从 2010 年开始启动对多个国家的金融素养问卷调查工作，OECD 在 2011 年的调查报告中将金融素养定义为"与金融事务相关的意识、知识、技能、态度和行为，用于金融决策以改善个人金融福利"。[1]

---

[1] Atkinson and Messy (2011).

该定义对金融素养的内涵进行了拓展，超越了金融知识这一狭义范畴，将个人对金融的认知、态度、金融知识的掌握和运用、可观测的金融行为等方面综合起来，作为金融素养的内在要求。

到目前为止，虽然没有对"金融素养"的统一定义，但是"金融素养"的概念已经开始在金融管理部门、金融机构和公众间广泛应用，如中国人民银行于 2017 年和 2019 年开展的金融素养调查。中国人民银行金融素养调查中对"金融素养"的认定沿用了 OECD 的认识，《消费者金融素养调查分析报告（2019）》中虽然没有对"金融素养"进行定义，但是将金融素养的维度归纳为消费者态度、消费者行为、消费者知识水平和消费者技能。其中消费者态度、行为和技能都是对原狭义"金融素养"（强调金融知识水平）的扩展，形成了广义上的"金融素养"的概念。从国内目前的实践来看，广义"金融素养"概念已经基本得到了认可。

2. 金融能力：在金融素养基础上的延伸

内涵得到扩宽的金融素养似乎在定义上十分接近"金融能力"，"金融能力"和"金融素养"的界限似乎逐渐模糊。那"金融素养"可以等同于"金融能力"吗？并非如此。"金融能力"概念晚于"金融素养"，甚至可以说缘起于"金融素养"。有学术观点认为，早期的研究是将金融素养的概念进行延伸，从而得出了"金融能力"的概念。在这种理论中，金融能力不仅包括消费者在金融知识、态度、行为、技能等方面展现的能力，而且包括消费者获取金融产品和服务的机会，最终在最大程度上获得个人的金融福利。[①] 世界银行在《金融消费者保护的良好经验（2017）》中提到，金融素养在理论上是指人们对与个人

---

① 刘国强. 我国消费者金融素养现状研究——基于2017年消费者金融素养问卷调查 [J]. 金融研究，2018（3）：1—19.

理财有关的核心概念的理解能力，侧重认知，内涵要窄于金融能力。

综上所述，金融能力和金融素养两个概念并非属于对立关系，而是包含和延伸的关系。随着理论和实际的发展，金融素养的概念从狭义向广义的发展，囊括金融消费者的知识水平、态度、行为和技能。而金融能力，可以说是对广义的金融素养的进一步延伸，增加了金融信息、金融机会获取能力等新范畴。

（三）国民金融能力与金融教育、金融知识普及的关系

1. 工具范畴：金融知识普及与金融教育

相对于"金融素养"和"金融能力"，"金融知识普及"和"金融教育"是另一组概念范畴，即方式和手段范畴。金融教育和金融知识普及可以被视为金融管理部门用以改善金融市场的政策工具。而金融知识普及也可以和提升金融素养、建设金融能力一同作为政策工具所指向的目标。

从工具角度来看，金融教育由于其更高总括性和抽象性，拥有比金融知识普及更大的适用范围。金融知识普及基本上只能指向金融知识，而金融教育则几乎可以指向囊括金融知识、金融素养、金融能力以及未来可能提出的新概念在内的所有范围。数字时代瞬息万变，金融教育似乎更能适应这种特性。

在性质上，金融教育属于公共部门的调整工具且具有相对的抽象意义，因此在对公众活动中并不常见，而是作为一种顶层设计而存在。比如，在集中性的金融知识普及活动、金融素养调查等实际对公众活动中，金融教育的出现频率较低。而在顶层设计方面，金融教育则更为政策制定和实施者所看重，如 OECD 所倡导的金融教育国家战略。

2. 金融教育与金融能力

"教育"一词来源于孟子的"得天下英才而教育之"。拉丁语 educare，是西方"教育"一词的来源，有"引出"之义。社会根据受教育程度选拔人才，人通过受教育实现社会地位的变迁。教育伴随着人类社会的产生而产生，随着社会的发展而发展，与人类社会共始终。教育，系教育者有目的、有计划、有组织地对受教育者的心智发展进行教化培育，以现有的经验、学识推敲于人，为其解释各种现象、问题或行为，从而提高被教育者的实践能力。究其根本，教育是以人的一种相对成熟或理性的思维来认知对待，让事物得以接近其最根本的存在，人在其中，慢慢地对一种事物由感官触摸而到认知理解的状态，并形成一种相对完善或理性的自我意识思维。教育也是一种教书育人的过程，可将一种最客观的理解教予他人，而后在自己的生活经验中得以自己所认为的价值观。总体而言，教育，是一种提高人的综合素质的实践活动。

金融教育是"教育"在金融领域的特殊化，教育和金融教育之间，属于一般和特殊的关系。金融教育作为教育的子概念，有教育的基本特征，也有自身的个性特点。金融教育由教育者、被教育者、教育活动三个最基本元素构成。

首先是教育者。教育者在总体上指在一国范围内推动金融教育工作的主体，主要是一国的金融监管机构或教育部门；具体包括实际实施金融教育行为的主体，这类更为广泛。

其次是被教育者。通常，金融消费者成为金融教育的对象，即作为被教育者，目前开展的金融知识普及活动、金融消费者素养调查活动都将金融消费者作为对象，但也有观点认为金融市场的另一参与者——金融服务提供者，也应被纳入被教育者的范围。

最后是教育活动。教育活动则是将教育者与被教育者联系起来的纽带，也是金融教育的核心，金融教育者正是通过金融教育活动达到教育消费者的效果，实现其所设定的目的。

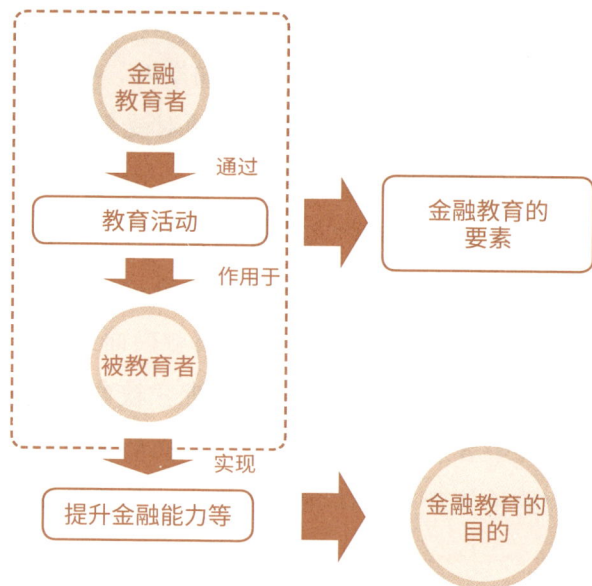

图1-1　金融教育的要素和目标

在性质上，金融教育和金融能力的出发角度不同，金融教育从金融教育者的角度出发，而金融能力则从被教育者的角度出发。因此，无论是汉语还是英文或其他语言，金融教育和金融能力可能有相近的意思，不同于金融素养和金融能力的区别，金融教育和金融能力在用法上也是不同的，各有自身的适用范围。比如，当将承担金融教育职能的金融管理部门作为主语时，通常与金融教育相联系，而被教育者通常作为宾语出现；当将被教育者（如金融消费者）作为主语时，则经常与金融素养、金融能力等相联系。又如，有理论认为，除金融消费者以外，金融服务提供者也是金融教育的对象。因此，金融服务提供者可能兼具金融教育者和被教育者的身份，当金融机构作主语放在金融教育之前时，往往强调金融机构的教育者身份；当金融机构作主语放在金融素养或金融能力之前时，则往往强调金融机构被教育者的身份。

那么金融教育和金融能力之间有什么联系呢？胡振、臧日宏（2016）曾论证了金融教育与金融知识和金融素养之间的关系，即消费者通过接受金融教育来强化金融知识水平和技能，进而提升其金融素养。[①] 本书的观点认为，金融能力是在金融素养基础上的延伸。金融教育本身具有的抽象性和扩张性，可以使这种延伸或者未来更多的扩展纳入其中。由此可见，金融教育是金融能力的途径和手段，二者之间是手段和目的的关系。那么，有一个问题值得我们思考，金融教育和金融能力所涉及的范围能否完全对应？即我们要回答，金融教育是否是受教育者金融能力提升的唯一途径，如果是，则金融教育和金融能力是完全对应的手段和目的关系。但是，在数字时代尤其是人工智能大发展的背景下，被教育者有机会自觉地通过学习金融知识而提高金融能力。当然，金融能力是一个偏实践的能力，抛开金融机构的教育，金融消费者自身参与日常金融业务也是一个金融能力提升的过程和途径，甚至可以说是一个核心途径。

（四）小结

对于金融能力的概念、内涵和外延，本书基本认可世界银行的观点，并在其基础上进行了补充和完善。金融能力是在金融素养基础上的延伸，内涵要广于金融素养，同时也因其注重潜在意识（如信心等）和实践技能更能适应数字金融发展下金融产品和服务的在线化、智能

---

① 胡振，臧日宏. 收入风险、金融教育与家庭金融市场参与[J]. 统计研究，2016（12）：67—73.

化，以及复杂化。

当然，本书认为，无论是金融教育的对象，还是金融能力的主体，不能仅限于金融消费者，还应当包括金融机构，为了方便表达和识别，下文统一用学习主体来统一概括上述两类群体。

金融能力的提升并非完全依赖于金融教育。在智能技术和机器学习蓬勃发展的大背景下，学习主体可以依据个人的兴趣主动学习金融知识，提升金融素养和金融能力。理论上，与金融教育国家战略相比较，金融能力战略更加关注学习主体，注重激发学习主体对金融市场的信心和学习的兴趣，使学习主体主动提升金融能力。

二、国民金融能力发展的必要性

（一）国家层面

习近平总书记多次强调，金融是现代经济的核心，是实体经济的血脉；金融活经济活，金融稳经济稳；金融安全是国家安全的重要组成部分，维护金融安全是关系我国经济社会发展全局的一件带有战略性、根本性的大事。提升国民金融素养、发展国民金融能力是维护国家金融安全、增强金融体系韧性和抗风险能力的重要保障。金融消费者保护是防范和化解金融风险，维护国家金融安全的重要内容。加强金融消费者教育，提升国民金融素养和金融能力，本身就是对金融消费者的一种预防性保护，有利于保护金融消费者长远和根本利益，进一步夯实国家金融安全的基石。

（二）社会层面

金融领域矛盾纠纷具有涉众性、专业性、资金密集性等特点，积极稳妥化解金融领域矛盾纠纷，对于维护社会和谐稳定具有重要意义。通过加强金融消费者教育，有效提升国民金融能力，使金融消费者尊重市场规律、践行契约精神，增强对风险的认知和自我保护，合理运用金融产品和服务，实现财富的保值增值和对美好生活的向往，正确接受打破刚性兑付的市场规律和法律后果，自觉远离非法金融活动。在发生金融纠纷后，运用法律武器，依法维护自身合法权益，保障社会大局稳定。

（三）社会公众层面

国民金融能力已经成为公众适应现代社会的关键能力之一。随着数字技术的不断发展，数字金融服务迅速走进公众的日常生活，并与之发生越来越紧密的联系。无论从覆盖范围还是使用频率来看，金融服务都已深入绝大部分社会群体的生活当中。但是金融服务的广泛使用也加剧了金融消费者权益受侵犯和金融系统不稳定性风险。利用数字技术提升金融服务的覆盖面，并在此过程中有效保护金融消费者合法权益，必须提升国民金融能力，使金融消费者能够正确使用数字金融产品和服务，增强风险防范意识和自我保护能力，更好地享受数字金融发展带来的便利。

三、国民金融能力发展的意义

（一）政治建设方面

党的十八大以来，以习近平同志为核心的党中央高度重视金融消费者保护和金融知识普及教育工作。习近平总书记指出："要加快建立完善有利于保护金融消费者合法权益、有利于增强有序竞争、有利于防范金融风险的机制。"国务院办公厅发布的《关于加强金融消费者权益保护工作的指导意见》明确提出"要将金融知识普及教育纳入国民教育体系，切实提高国民金融素养。"《推进普惠金融发展规划（2016—2020年）》也提出"建立金融知识教育发展长效机制，推动部分大中小学积极开展金融知识普及教育，鼓励有条件的高校开设金融基础知识相关公共课。"发展国民金融能力既是贯彻落实党中央、国务院决策部署的重要举措，也是对国际经验的良好借鉴，有利于推动实现金融与经济良性循环，使社会公众共享金融业改革发展成果。

（二）经济金融发展方面

党的十八届三中全会提出"经济体制改革是全面深化改革的重点，核心问题是处理好政府和市场的关系，使市场在资源配置中起决定性作用和更好发挥政府作用。"《中共中央　国务院关于新时代加快完善社会主义市场经济体制的意见》进一步提出"建立现代金融监管体系，全面加强宏观审慎管理，强化综合监管，突出功能监管和行为监管，制定交叉性金融产品监管规则。加强薄弱环节金融监管制度建设，消除监管空白，守住不发生系统性金融风险底线。依法依规界定中央和地方金融监管权责分工，强化地方政府属地金融监管职责和风险处置责任。建立健全金融消费者保护基本制度。"发展国民金融能力是降低金融市场信息不对称，纠正市场失灵，提升金融市场有效性的重要方面，对于健全完善现代金融体系，进一步增强金融体系的韧性和抗风险能力具有重要意义。

（三）文化建设方面

发展国民金融能力对文化建设方面的促进作用主要体现在改善金

融生态环境上。诚信是社会主义核心价值观的重要内容，金融与信用相伴相生、相互依存。发展国民金融能力是践行社会主义核心价值观、推进社会信用体系建设的内在要求。刘鹤副总理在 2018 年 5 月全国政协"健全系统性金融风险防范体系"专题协商会上强调"要建立良好的行为制约、心理引导和全覆盖的监管机制，使全社会都懂得，做生意是要有本钱的，借钱是要还的，投资是要承担风险的，做坏事是要付出代价的。"加强金融知识普及教育，发展国民金融能力，就是要引导金融消费者（投资者）树立价值投资、理性投资的理念和风险防范意识，弘扬契约精神，强化法治意识，抵制非法金融活动，进而持续压缩非法金融活动生存空间，优化金融生态环境。

第二节　国民金融能力研究综述

一、国外研究综述

（一）"金融能力"概念的起源和发展

"金融能力"是指个人通过金融教育获取金融知识和技能以及参与金融市场、实施金融行为从而提升自身金融福利的能力（Sherranden，2013）。"金融能力"概念起源于英国金融服务机构 2006 年开展的全国居民金融能力调研，随后由 Atkinson 等（2007）在调研成果中正式提出。美国、加拿大、奥地利、爱尔兰等国家随后也进行了类似的全国性调查。"金融能力"这一概念在发达国家产生和发展以后，逐渐受到发展中国家的重视。在"金融能力"概念产生之前，学者主要聚焦于金融素养的研究，Lusardi 和 Mitchell（2007）以及 Clarke 等（2015）经实证研究发现，提高金融素养水平不但可以促进家庭储蓄行为，还使消费者可以更好地把握投资机会、优化风险资产投资，从而获取投资溢价。

（二）金融能力的概念、内容和功能

Johnson 和 Sherraden（2007）提出，金融市场参与具有充实居民生活、提升人生际遇的功能，但这依赖于金融消费者将金融知识转化为金融行为的能力和实施金融行为的机会。Atkinson 等（2007）在英国调研中将金融能力的维度定义为金融前沿动态掌握、开支计划、财产管理和金融产品选择，在此基础上计算出英国居民金融能力的综合得分。Lusardi（2011）在开展美国居民金融能力调研后，提出金融能力是衡量人们收支状况、财务规划、选择和管理金融产品、作出金融决策的知识和技能。

Xiao 等（2014）从另一个角度将金融能力的维度归纳为金融认知、金融素养和金融行为三个方面，金融能力衡量的是居民管理并控制金融行为的能力。Sherraden（2013）之后提出了较为体系化的金融能力分析框架：在复杂的金融交易环境中，金融消费者不仅需要金融知识，而且应该得到"金融包容"（同普惠金融之义），同时金融能力兼具个性和结构性特征，因此，金融能力在概念上结合了金融消费者作出金融决策的能力和实施金融行为的机会，既包括内在能力也涉及外部环境的影响。

随后，Despard 和 Chowa（2014）对金融素养和金融能力的区别进行了深入研究：金融素养仅从个体角度解释居民如何作出金融决策，而金融能力则将金融决策能力与外部环境联系起来。在此基础上，Chowa 等（2014）进一步将金融能力细化为内在能力和外部环境：内在能力主要包括金融消费者的经济能力、教育水平和金融知识，外部环境则包括与金融机构的物理距离、金融机构的制度和非正规金融机构的发展。

综上所述，目前对于金融能力的定义包括三类：第一类将金融能力定义为具体的金融行为；第二类将金融能力定义为金融知识与金融行为的结合——拥有适当的金融知识并有能力实施符合期望的金融行为；第三类则认为金融能力是金融消费者内在能力与外部环境影响的结合，即金融消费者在具备适当金融知识技能的同时拥有参与金融市场、实施金融行为的机会。

（三）金融教育的内容和主要途径

刘丹、丁赛、覃若曦和陈菊花（2014）认为，金融教育的内容主要包括金融基础知识教育、金融风险意识教育和金融消费者保护知识教育。金融教育的主要实现途径有五个：一是由政府部门主导，将金融知识纳入国民教育体系，提高初等教育和高等教育层次的金融教育水平；二是由金融行业组织牵头，组织会员单位（即金融机构）履行金融教育义务，从而开展具体的金融教育工作；三是金融机构主动组织实施金融教育活动，即结合自身业务特点，自主策划、安排、落实和总结相应的金融教育活动；四是民间组织和教育基金会发挥补充作用，弥补公共金融教育的不足；五是通过国际合作加强金融教育。

（四）金融教育对金融行为的影响

根据 Collins（2013）的研究，金融教育的效果会随着时间逐渐消退，金融教育并非必然能够帮助金融消费者获取金融知识、改善金融行为。Jing 和 Porto（2017）研究发现，金融教育可能通过改变金融消费者的金融知识和金融行为进而影响其家庭财务满意度，即金融知识和金融行为作为金融教育与金融消费者财务满意度之间的有力媒介。但 Jing 和 Porto（2017）的横向调研数据只能记录金融教育与财务满意度之间的关系，没有使用相关纵向数据或面板数据来证明金融教育的多重效应。

Bernheim 等（2003）通过"准自然实验"对美国多个州立高中开展不定期的金融教育，并取得了一定成效。部分大型公司也实施了金融教育项目（Clark 等，2012），旨在提高公司职工的金融知识水平和职工对养老金计划的参与度（Lusardi 和 Mitchell，2008；Clark 等，2012）。Scholz 等（2006）通过公司层数据发现，退休人员金融教育与 401K 计划的参与度显著正相关。Walstad 等（2010）通过实验法评估了某项金融教育视频课程，测试学生对个人理财的了解程度，结果显示学生理财知识水平经过视频课程教育得到了显著提升。Lusardi 和 Mitchell（2008）测试了金融教育研讨会内容信息的有效性，包括访谈分析、定性分析、前后期评估行为的改变。Lusardi 等（2017）研究发现，有效的金融教育项目需要提供持续的后续服务，以实现所获取金融知识的维持。在实施金融教育活动并提供后续服务的控制下，对 40 岁左右的员工进行金融教育可以将退休储蓄提高到 10% 左右。但一次性金融教育活动产生的影响是短期的。后续的研究发现差异策略评估存在误差，需要利用随机动态编程来有效评估金融教育活动对参与者的影响。Berg 和 Zia（2017）使用主流媒体的情感联系和观众注意力来评估金融教育项目对家庭财富管理的经济效果，即将观众对财务相关电视剧的观看频率和时长作为变量评估金融教育对债务管理行为的影响。结果表明，观看与财务相关的电视剧与参与者的金融知识水平呈正相关关系。

（五）金融能力和财富积累

Lusardi 和 Mitchell（2008，2014）通过分析各国调查数据并建立实证检验模型研究发现，金融知识对家庭财富积累具有显著正相关关系，即金融知识水平较高的家庭，可以通过分析金融信息避免或减少损失，或者作出适当投资决策增加财富。

考虑到金融知识与家庭财富积累潜在的双向因果关系，Delavande 等（2008）将金融知识视作一项人力资本，将金融知识作为内生变量置于静态生命周期模型，从而研究金融知识和财富积累之间的关系。考虑到 Jappelli 和 Padula（2013）的金融知识投资模型无法解释贫富差距问题，Behrman 等（2012）和 Van Rooij 等（2012）使用工具变量解决了内生性问题后，依然发现金融知识与财富积累之间具有显著正相关关系。Behrman 等（2012）研究金融知识、金融教育和财富关系时使用了智利的调研数据，结果表明：金融知识、金融教育都对财富积累具有积极意义。Lusardi 和 Mitchell（2011）通过 2004 年早期婴儿潮出生群体的净资产与在 1992 年出生的那群婴儿的净资产进行比较研究发现，在婴儿潮出生的群体拥有更高的净资产水平，在于婴儿潮出生的婴儿接受了较好的金融教育从而拥有较高的金融能力。黑人、西班牙人和受教育程度较低家庭其家庭财富积累较低，这一现象并未随着时间的推移而得到改善，主要原因在于金融素养水平偏低。Van Rooij 等（2012）研究也发现，金融知识与净资产存在相关关系，金融知识可以促进家庭财富积累。

Lusardi 等（2017）研究发现，金融知识是造成贫富不均的重要因素之一。Delavande 等（2008）通过静态生命周期模型得出，金融知识投资与人力资本投资相类似。Jappelli 和 Padula（2013）使用了和借贷约束模型和不确定性生命周期模型，得出金融知识投资可以有效减少贫富差距。但上述两项研究忽略了金融知识与贫富差距之间的内生因果问题。对此，Lusardi 等（2017）建立了动态随机生命周期模型，将金融知识内生化，得出金融知识水平较高的群体更倾向于参与证券投资，金融知识可以使金融消费者在不确定和不完善的保险市场中更好地配置资源，增加储蓄和投资收益，加剧与低金融知识群体之间的财富差距。Choi 等（2009）研究发现，金融知识水平较高的群体更能以较低的公募基金费用获取较高的投资回报。Calvet 等（2009）在瑞典的调研结果表明，教育水平高的家庭的持股数量更多。Van Gaudecker（2015）使用在荷兰获取的调研数据研究了金融知识与金融咨询、投资组合之间的关系，结果显示，金融知识水平较低的群体投资组合的多样化程度较低，而投资回报率则造成了不同程度的财富差距；投资回报差异导致贫富不均的内在因素在于金融知识水平高低不同。

金融知识促进财富积累的具体途径包括股权投资溢价和养老金计划。较高的金融知识水平降低了信息成本，减少了证券投资市场摩擦（Haliassos 和 Bertaut，1995），金融知识使金融消费者更善于利用证券投资获取溢价。金融知识水平与养老金收益正相关（Ameriks 等，2003；Lusardi 和 Mitchell，2011），金融素养较高的参与者更倾向于规划养老退休计划。

二、国内研究综述

（一）金融素养及其影响

与国外研究相比，国内学者主要从家庭资产和选择家庭理财规划等金融决策角度以及家庭借贷等来测试金融素养对家庭财富的影响（胡振，2016；臧日宏，2017；吴卫星等，2018）。王正位等（2016）研究了金融知识与家庭资产流动之间的关系，研究发现提高金融素养可以提高家庭金融投资的有效性，有助于低收入家庭迈向高收入阶层。

（二）金融素养与金融行为的关系

1. 金融知识会影响家庭信贷行为

提升金融素养可以提升家庭对正规信贷的需求，降低债务违约风险，从而缓解家庭的债务约束（宋全云等，2017）。缺乏适当的金融知识会导致金融消费者误认为无法获取贷款而放弃。金融素养的提高可以促进家庭有效地利用各类金融工具，改善投资现状，如参与证券、保险和养老金市场的投资（尹志超等，2014；吴雨等，2017；吴卫星等，2018）并促进创业（尹志超等，2015），随之释放潜在的信贷需求。

2. 金融知识优化家庭资产配置

金融知识能够促进家庭参与金融市场，增加风险资产的配置比例，实现资产增值（曾志耕等，2015；尹志超等，2014）。在金融教育项目领域，胡振和臧日宏（2016）研究发现金融教育可以显著提高金融消费者的金融市场参与度，优化家庭资产配置。根据杜征征等人（2017）的研究，金融教育活动有利于提高金融消费者的风险防范意识和金融工具选择能力。但是基本没有学者对金融教育的有效性评估作进一步研究。

（三）金融知识与家庭财富积累

曾志耕等（2015）的研究显示，金融知识通过优化资产组合而促进财富的积累，具体表现为金融素养较高的金融消费者倾向于将资产配置于风险金融资产。提高金融素养还可以促进创业活动，从而实现财富的积累（尹志超等，2015）。有实证研究表明，获取适当的专业性金融知识可以显著增强低收入金融消费者的投资收益，从而促进其财富的积累。

根据尹志超和张号栋（2017）的研究，金融知识、金融素养水平对家庭财富有显著正向影响，可以显著缩小家庭间的贫富差距，尤其对于低财富组的家庭而言。另外，金融知识能够显著增加家庭收入。王正位等（2016）借助收入转移矩阵研究了金融知识对家庭收入流动的影响，发现金融知识的提高有助于低收入城市家庭跃迁至高收入阶层。金融普惠提升了家庭金融知识水平，金融知识水平越高的社区其正规金融账户的普及率越高，家庭越能够使用正规账户进行交易，有助于家庭关注金融信息，降低投资交易成本，缓解家庭与金融机构之间的信息不对称，促进贫困家庭致富，缩小家庭收入差距（尹志超和张号栋，2017）。

（四）数字经济和数字金融下的金融消费者保护和教育

在数字化对金融业的影响上，王相怡（2019）从中国社会主要矛盾和经济发展模式转变的角度出发，认为金融创新为解决金融发展不充分、不平衡问题提供了新路径，为新时代中国经济发展注入了新的动力。与此同时，金融创新在金融业务、数字技术、网络和数据领域的应用也为金融行业和社会带来了若干风险和挑战（王相怡，2019）。宋亮华（2018）从金融机构实现金融科技战略转型的角度，论述了对利益相关者实施差异化的金融教育，利益相关者包括金融机构的职工、未来的经营管理和技术人才，以及广大金融消费者。数字技术给金融企业带来了数字化生存发展的考验，金融机构为了配合金融科技战略转型并把握未来科技人才投资和经营管理逻辑的需求，需要采用契合金融科技创新规律的针对性教育策略和措施，对利益相关者实施差异化教育（宋亮华，2018）。

王怀勇和邓若翰（2017）研究了互联网时代的金融消费者教育制度，他们认为完备的互联网金融消费者教育制度有利于促进互联网金融监管转型、维护互联网金融消费者权益。目前中国国内的金融消费者教育制度无法满足互联网金融发展的现实需求，包括制度理念滞后、教育主体局限、立法规范缺失和教育方式落后等，因此应当构建有效的法律框架、加强制度创新、鼓励行业协会和机构参与、将场景思维融入互联网金融教育中。

三、国民金融能力研究的意义

（一）国民金融能力研究是满足人民日益增长的美好生活需要和金融需求的现实需要

党的十九大提出："中国特色社会主义进入新时代，我国社会主要矛盾已经转化为人民日益增长的美好生活需要和不平衡不充分的发展之间的矛盾。"2019年我国人均GDP突破1万美元，进入中高收入国家行列。随着社会主要矛盾的变化和居民收入的增长，社会公众的投资理财意识、财富管理和金融资产配置需求更加强烈，各类金融产品和服务因应市场需求快速发展。在这样的背景下加强国民金融能力研究，推动改进金融教育和金融知识普及，提升社会公众的金融素养和金融能力具有十分重要的意义。已有的研究表明，提高金融素养可以提高家庭金融投资的有效性，有助于低收入家庭迈向高收入阶层。

在以往研究的基础上，系统性地开展国民金融能力研究，提出有针对性的政策建议，可以更好地适应和引领经济发展新常态以及金融发展新形势对金融素养和金融能力的要求，进而推动实现金融与经济良性循环和居民财富的保值增值。

（二）国民金融能力研究是补齐金融业发展短板，推动金融业高质量发展的重要举措

2008 年国际金融危机暴露出的一个重要问题就是忽略对金融消费者的保护，破坏了金融机构赖以发展的公众基础，从而危及整个金融稳定。金融消费者是金融市场的重要参与者，也是金融业持续健康发展的推动者。但长期以来金融业的管理框架主要是站在金融机构经营的角度设计的，对金融消费者权益保护涉及不多。从我国的情况来看，金融消费者金融知识及技能仍显不足，自我保护意识还不够强，识别风险能力有待进一步提高，风险和责任自担意识及契约精神缺失，依法理性维权理念不够强，非法集资、电信网络诈骗、非法校园贷、套路贷、跨境网络赌博、非法外汇平台等非法金融活动时有发生，与金融市场的快速发展和金融机构的业绩增长相比，消费者金融素养和金融能力不足已经成为制约我国金融业长期持续健康发展的突出短板。开展国民金融能力研究有助于从金融消费者这一端补齐制约我国金融业高质量发展的突出短板，根除和阻断非法金融活动滋生的土壤和链条，进一步提升我国金融体系的韧性和抗风险能力。

金融消费者金融能力的提升可以帮助其根据自身的风险承受能力合理配置金融资产（而不只是简单地看收益率来选择金融产品），为金融市场提供长期稳定的资金来源；金融消费者金融能力的提升

可以使其客观看待打破刚性兑付，有效发挥金融市场的资源配置和风险管理功能；投资者金融能力的提升可以使其秉持价值投资、长期投资理念，选择优质股票长期持有，理性对待股票市场波动，而不是盲目追涨杀跌，进一步增强股票市场稳定性；金融消费者金融能力的提升可以使其在发生金融纠纷后选择依法理性维权，减少群体性事件的发生。这些都表明，金融能力的提升可以有效增强我国金融体系的韧性和抗风险能力，为实现金融业高质量发展提供重要保障。

（三）国民金融能力研究是回应时代需求和实践需要，丰富金融能力研究理论体系的有效路径

实践是理论的来源，是理论发展的根本动力，也是理论的最终目的和检验真理的唯一标准。站在中华民族伟大复兴的战略全局和世界百年未有之大变局的历史高度，加强国民金融能力研究，适应时代和实践提出的新要求，对于完善我国金融能力研究理论体系，提高在国际金融能力研究方面的话语权和影响力具有重要作用。通过梳理比较发现，国内对金融知识、金融素养、金融行为和财富积累的研究系统性、研究范围和深度与国外相比还有较大差距。思想是时代的回声，时代受思想引领。中国正在进行的伟大实践与金融业的高质量发展为系统性地深化金融能力研究提供了实践基础，我们要在已有研究的基础上继续丰富研究路径和研究框架，为健全完善金融能力研究理论体系作出贡献。

第三节　本书的研究思路和研究框架

一、本书的研究思路

（一）已有研究的分析与评价

国外对金融知识、金融素养水平和金融教育对金融行为、财富积累和降低贫富差距的影响已经有充分的调查研究和模型数据验证，其中许多研究和调研的结论可以作为本书理论研究和创新的基础。虽然国内学者对金融知识、金融素养、金融行为和财富积累也有初步的研究，但是研究的范围（如金融知识和贫富差距的关系）和深度（要素之间的内生因果关系）与国外相比还有很大差距。

在"金融能力"的概念、演变、内容和维度上，国外学者已经有了充分的论证，并在概念上获得了社会层面的认可。而国内相关的概念研究仍停留在"金融知识"和"金融素养"上，虽然部分学者在研究和调研中使用了"金融能力"这个术语，但既没有在概念上作进一步的解释，也没有对其理论内容进行进一步的研究，使得目前的金融教育工作仍主要集中在"金融知识普及"和"金融素养提高"上，并且在实际过程中经常交叉使用。

在数字时代背景下的金融能力培养上，世界银行《金融消费者保护的良好经验（2017）》介绍了数字背景下金融教育工作的机遇和挑战，并提出了娱乐性教育、助推、选择性架构、技术利用等金融教育模式创新，并对从制定国家金融能力战略（含具体内容）到设立牵头部门、人力支持、资金知识、协调机制和利益相关者参与等方面等具体步骤进行了详细论述。但是该书在数字化背景、数字普惠金融等环境因素和在现状基础上的改进等领域研究较少。总体来看，国际上也缺乏这方面的研究。国内有数位学者研究了互联网背景下的金融教育制度，但主要侧重于制度构建层面，对数字技术和金融科技的研究和政策建议上的应用较少提及。总体而言，无论是国内研究还是国外研究，对数字技术和金融科技等数字时代的背景和应用研究仍然较少，尤其是相关的理论研究。

（二）突出"补短板"和"锻长板"

鉴于国内对金融知识/素养、金融行为和财富积累研究的范围和深度与国外相比还有很大差距，本书在已有研究的基础上，从概念上对金融能力、金融素养、金融教育及金融知识普及之间的关系进行了明晰，从逻辑演进上对它们之间的关系进行了梳理，使学界更加明确它们的内涵和逻辑关系。同时，考虑到国内外对数字技术和金融科技等数字时代的金融能力培养研究仍然较少，本书充分运用我国数字普惠金融和金融科技领域在世界上的领先地位，坚持"四个自信"，突出中国特色和实践特色，从数字金融、金融科技与国民金融能力发展更好结合，以及国民金融能力发展与金融消费权益保护和数字普惠金融发展的关系等方面对数字时代国民金融能力发展做了深入系统的研究，力求形成本书的特色和创新之处。

（三）坚持问题导向和应用导向

本书对国民金融能力发展的研究突出针对性和实践性，力求在研究中回答如何实现国民金融发展与金融教育、金融消费者权益保护之间的整体联动，如何发挥国民金融能力在防范和化解金融风险，维护国家金融安全，推进金融治理体系和治理能力现代化方面的重要作用，如何看待发展国民金融能力与提升金融体系韧性和抗风险能力，利用数字普惠金融技术全面推进普惠金融发展之间的关系，进而在丰富金融能力研究理论体系的基础上，推动展望和策略方面的意见建议转化为国家层面发展国民金融能力的政策措施，真正对我国国民金融能力发展有所助益。

二、本书的研究框架

（一）主要内容

本书共六章，第一章总论部分从国民金融能力的起源、由来及国民金融能力与金融素养、金融教育、金融知识普及概念之间的关系入手，从国家层面、社会层面、公众层面、政治建设、经济金融发展、金融生态建设等方面深刻论证了国民金融能力发展的必要性和意义。第二章国民金融能力发展（国际借鉴）部分在梳理分析国民金融能力发展国别实践的基础上，对国民金融能力发展重点项目做了介绍，并从中概括提炼出国民金融能力发展的国际共识和一般经验。第三章国民金融能力发展（中国实践）部分梳理了中国国民金融能力发展的主要历程、中国金融知识普及教育探索与实践，并与国际经验作了对比，剖析了存在的主要问题和原因。第四章国民金融能力发展的战略框架部分分析了中国金融素养调查的具体实践及国民金融能力国家战略的国际经验，并提出了中国国民金融能力国家战略的基本框架和主要内容。第五章数字时代的国民金融能力发展部分深刻分析了数字金融和金融科技发展对国民金融能力发展提出的挑战，从国民金融能力发展与金融科技、金融消费权益保护、数字普惠金融协调发展的角度提出了有关建议。第六章国民金融能力发展（展望与策略）部分概括提炼了国民金融能力发展基本原则。同时，强化目标引领，从维护国家金融安全和社会稳定、推动经济金融高质量发展、促进构建现代金融体系等方面提出了国民金融能力发展的具体目标，结合优化国民金融能力发展环境，提出了具有中国特色的金融能力发展策略。

（二）研究方法

本书采取国别比较分析法、实证分析法、数量模型分析法等多种分析研究方法，坚持历史、现实与未来的纵向分析与国际经验和中国实践的对比分析相结合、理论研究与实践探索相结合，突出辩证唯物主义和历史唯物主义普遍联系和系统论的研究视角，从国民金融能力发展的推进战略、有效路径、整体目标等维度去审视国民金融能力与金融消费者保护和普惠金融，国民金融能力与防范和化解金融风险、维护国家金融安全，国民金融能力与推进金融治理体系和治理能力现代化、提升金融体系韧性和抗风险能力的普遍关联，从整体上把握和推进国民金融能力发展。

国民金融能力研究是一个比较新的研究领域，也是一个开放的理论体系，本书的研究只是一个阶段性的成果，还需要持续不断地探索完善，希望本书能为以后更为深入地开展这方面的研究提供基础和借鉴。

第二章 / 国民金融能力发展：国际借鉴

借鉴国际良好经验是研究国民金融能力的一个重要视角。本章旨在通过梳理和总结有关国家及国际组织金融能力项目实施情况，通过大量的考察和对比发现金融能力项目的一般规律、国际共识及需要借鉴的本土化考量，进而归纳出推进金融知识纳入国民教育体系、实施金融能力国家战略、加强数字技术在金融知识普及教育中的运用等国民金融能力发展的国际共识和一般经验，为持续提升我国国民金融素养和金融能力提供参考。

尽管"金融能力"理论提出较晚，但是各国推进金融能力建设的实践已经取得了显著成效。特别是2008年国际金融危机以来，全球政策制定者逐渐意识到金融素养（金融能力）对维护金融体系安全与稳定的重要意义，并开展了一系列金融教育活动，进一步提升金融消费者的金融风险防范意识和能力，为金融安全与金融创新提供良好的金融发展环境和有效的智力支持，从需求端持续促进金融业的改良和发展。

第一节 国民金融能力发展的国别实践

一、英国

英国消费者金融教育工作在 2000 年以前主要由各类社会机构自发进行，规模较小。《2000 年金融服务与市场法》规定金融服务监管局（FSA）负有促进英国公众对金融体系全面了解的法定职责，明确金融服务监管局应当让公众了解不同金融产品和交易的风险与收益，向公众提供其他相关的信息和咨询服务。2003 年，FSA 开展了大规模的消费者现状调查活动，确定了消费者金融教育的战略目标和七个方面金融教育重点项目，同时，英国对消费者金融教育投入了大额经费保障。国际金融危机后，为继续加强金融消费者教育工作，根据《2010 年金融服务法》，2010 年 4 月消费者金融教育局（CFEB）成立，独立、系统、全面地开展消费者金融教育工作，其法定职责是提升国家的金融能力，发展消费者金融教育，提高公众对金融事务的了解，提升人们管理自身金融事务的能力。2011 年 4 月 CFEB 改名为货币咨询服务公司（MAS），开展咨询服务成为实现上述法定目标的关键。

MAS 是一个独立的公司，由金融服务监管局（FSA）批准预算和规划，财政部予以核准。由 FSA 根据法律向金融服务机构征收约 4500 万英镑以提供给 MAS。MAS 的主要职责包括：一是在线健康检查。MAS 在 2013 年推出在线健康检查项目，使用行为观察方法鼓励人们作出金融事务行动。二是债务咨询服务。2011 年夏天，MAS 得到法律授权，自 2012 年 4 月 1 日起负责协调债务咨询服务事项。《2012 年金融服务法》对债务咨询事宜的协调统筹作出了相关规定，这样就明确了 MAS 拥有消费者金融教育职能。这一新增的职能对 MAS 职能做了有益的补充，使得人们增加了以较低的费用获得服务的机会，更容易在适当的时间通过最适宜的渠道获得金融咨询服务。三是金融教育。为了在未来对金融教育提出更有效的改进建议，MAS 已经评估了现有的规定，与金融行业及政府两方面一起持续开展此领域的工作。

二、美国

美国的消费者金融教育主要来自政府和民间的合力。美国地方、州、联邦政府、社区组织、公司、金融机构、银行、教堂、初等和高等教育机构以及军事机构均开展消费者金融教育项目。

根据美国政府会计总署估计，美国政府在 2010 年用于有关消费者金融教育的费用为 6800 万美元。另外，美国用于住宅咨询项目（其中含有金融教育的部分）的费用为 1.37 亿美元。在联邦政府层面，两项法律规定了消费者金融教育的开展。美国在 2003 年通过《金融素养和教育促进法》（即《公平和准确信用交易法案》第五章），成立了金融素养和教育委员会（FLEC）。该委员会的金融知识策略集中针对：对增加的金融知识和有效的金融决策的需求；通过所需要的教育努力来达到这些有意义的目标。该委员会包括 23 个联邦政府机构（不同时期略有调整），财政部部长为委员会主席。在这项法律的要求下，2003 年以来，美国会计总署已发布了十几个有关全国金融知识教育发展和改进推荐意见的报告和证言。2014 年的报告列举出 13 个消费者金融教育项目的教育目标，也包括 3 个含有金融教育部分的住宅咨询项目。该委员会还创建了一个电话热线（1-888-My Money）和一个网站（mymoney.com），发布 23 个联邦部门开发的金融教育资源和工具供公众使用。它也汇总了全国关于消费者金融教育开展和评审研究的成果，供研究者和实践者使用。

根据 2010 年《多德—弗兰克华尔街改革与消费者保护法案》的规定，美国成立了消费者金融保护局（CFPB）。这个新的机构成为金融素养和教育委员会的新成员，同时消费者金融保护局的局长成为金融素养和教育委员会的副主席。消费者金融保护局的中心使命是在全国范围内普及金融知识，并且已经开展了一系列项目来帮助消费者掌握他们所需的金融知识。该局的金融教育办公室设在其消费者教育和参与司。该局集中研究确定如何测度金融福利，如何识别与消费者金融能力相关的知识、技能和习惯；评估现有改善金融决策和结果的方法的有效性；开发和评价创新的帮助消费者进行金融决策的方法。

三、加拿大

（一）明确牵头部门

为强化金融监督，保护金融消费者权益，提升国民金融知识普及水平，加拿大政府于 2001 年颁布《加拿大金融消费者管理局法案》，成立加拿大金融消费者管理局（The Financial Consumer Agency of Canada，FCAC），统筹开展消费者保护和国民金融知识普及工作，主要有两方面工作：一是通过教育提升人们作出合理财务决策的能力，即普及金融知识；二是通过对金融部门的有力监督来保护消费者，即保护金融消费者权益。2015 年 6 月 9 日，FCAC 发布《加拿大金融知识普及国家战略》，牵头相关部门共同推进战略落实。

（二）加强协调配合

一是组建金融知识普及指导委员会，督导《加拿大金融知识普及国家战略》落实。FCAC 于 2014 年成立了第一届国家金融知识普及指导委员会，任命金融知识普及官（由 FCAC 负责人担任）为委员会主席，该委员会由 15 名成员组成，成员具有面向成人、老年人、土著居民、移民人员、儿童和青年等不同群体开展金融教育的丰富经验。委员会还成立了三个小组：研究委员会、工作场所金融知识普及组、土著居民金融知识普及组。二是建立金融知识普及跨部门委员会。FCAC 倡导建立了联邦政府协调机制——金融知识普及跨部门委员会（ICFL），成员包括财政部、央行、存款保险公司、税务局等近 30 个部门和机构，实现在部门间共享信息并协调工作。自 2014 年以来，委员会成员部门和机构已经采取了 52 项举措支持《金融知识普及国家战略》的落实。

（三）发动社会广泛参与

FCAC 主导建立了多层次金融教育工作机制，与私营或非营利性组织广泛合作共同开展金融知识普及，并促进不同机构间相互学习交流，减少重复工作，分享有效方案，提高金融教育整体工作成效。推动众多私营、公共和非营利性组织组建机构网络，每个组织的网络有其特殊性，遍及全国各个省份，因地制宜、因人制宜地将金融基础知识融入中等收入个人和家庭的生活技能培训项目，有效提升金融教育工作的覆盖面。截至 2019 年底，加拿大已建立金融知识普及网络 18 个，包含 570 多个机构。

第二节　国际金融能力项目介绍

一、美国

（一）金融教育网站和咨询服务热线

美国设立了 mymoney.gov 的官方网站，集中了有助于公众作出正确金融决策的资源和相关链接，致力于向公众提供可信赖的金融信息并增进其对金融知识的了解。此外，CFPB 在其网站开设专栏提供金融消费课程，利用教育类游戏、课堂学习计划、在线出版物和多媒体工具等多种形式，为国民提供覆盖全生命周期的金融知识及金融规划，包括获取助学贷款、申请住房贷款、养老计划等。

（二）"金融扫盲月"

美国每年 4 月被官方指定为国家"金融扫盲月"，旨在帮助广大金融消费者建立和保持良好的金融习惯。在"金融扫盲月"中，美联储及其地区储备银行会通过多种方式对公众进行金融教育，提高国民的金融理财知识水平。例如，美联储每年都会举办"与主席对话"的公众教育活动；芝加哥联邦储备银行每年会举办"Money Smart Week"活动，为社会公众提供了免费的多元化课程和其他帮助。

（三）图书馆金融教育

美国图书馆开展金融素养教育的实践是建立在合作的基础之上的，合作使图书馆馆员不必在自己不熟悉的金融领域扮演专家角色，而转向自身熟悉的领域发挥作用，如资源的收集、活动的组织、场所的提供等。图书馆合作的对象十分广泛，包括政府机构、非营利性组织以及个人。例如，美国金融业监管局（Financial Industry Regulatory Authority，FINRA）与美国图书馆协会（American Library Association，ALA）合作开展了 Smart Investing@Your Library 项目；芝加哥联邦储备银行（Federal Reserve Bank of Chicago，FRBC）与 ALA 合作发起的 Money Smart Week@Your Library 项目；美国一些州公共图书馆也参与了专门针对青少年的金融素养联盟组织"Jump Start"，帮助"青少年在 K–12 教育经历中获得基本的财务管理技能"。与此类似的其他与图书馆合作的机构还有社区金融教育基金会（Community Financial Education Foundation）、国家金融教育工作者委员会（National Financial Educators Council）、美国消费者金融保护局（The US Consumer Financial Protection Bureau）等。在美国图书馆界影响较大的金融素养教育项目是 Smart Investing 以及 Money Smart Week 项目。

1. FINRA 投资者教育基金会 Smart Investing@Your Library 项目

FINRA 投资者教育基金会（FINRA Investor Education Foundation）是全美最大的致力于投资者教育的基金会，为创新研究和教育项目提供支持。从 2007 年开始，该基金会与 ALA 合作，共同开展了图书馆的金融教育项目 Smart Investing@Your Library 项目。FINRA 投资者教育基金会主席 Gerri Walsh 表示："FINRA 投资者教育基金会和美国图书馆协会已帮助 1000 多个公共图书馆满足了全国各地社区图书馆读者的金融教育需求"。Smart Investing 项目为图书馆开展创新的金融素养项目提供各种各样的支持，主要包括以下几个方面：

（1）为图书馆提供赠款以支持图书馆开拓金融教育服务。ALA和 FINRA 合作以来的 12 年间，为许多图书馆开展金融教育服务提供了资金，受到资助的图书馆共 100 多所，拨款超过了 1000 万美元，资助金额为 5000 ~ 100000 美元不等。

（2）为图书馆馆员提供可靠的金融资源和计划建议。Smart Investing 网站上向图书馆馆员提供了如何有效地开展金融素养项目的计划，其推荐计划的主要内容如表 2-1 所示。除此之外，Smart Investing 还提供了成功实施金融教育项目的图书馆案例以供图书馆研究，并将这些成功案例分为社区活动、代际活动、实现财务稳定、年轻人、服务军人家庭、新美国人等几个大类，图书馆可以从这些金融教育资源和计划建议中方便地开展自己的工作。

表2-1　　　　　　Smart Investing推荐开展金融素养项目的计划

步骤	内容
开始	了解现状：FINRA投资者教育基金会的"国家金融能力调查"列出了每个州的调查结果，说明了储蓄、资金管理、财务知识、决策等方面的信息。 了解目标受众：了解不同年龄对象对金融的认识和需求。 了解馆员：掌握馆员金融知识的情况，以便开展员工培训。 了解馆藏：了解馆藏图书是否过时，必要时购买新的图书、电子书以及金融数据库等。
项目交付准则	在博物馆和图书馆服务协会的支持下，ALA的参考与用户服务协会（RUSA）发布了服务准则和最佳实践。
建立伙伴关系	提供衡量比较现有和潜在合作伙伴的有效性工具。 提供金融教育组织与资源的信息。
营销推广	在推广中描述项目时需要使用的关键信息列表、与媒体合作、引起媒体关注、提供可用的宣传材料。
评价	提供NEFE金融教育评估在线工具包、数据收集方法菜单、与第三方合作的评估者的工作方法、调查问题集锦。

（3）为图书馆提供在线和现场培训。Smart Investing 也为馆员提供金融教育的机会。如其主页上提供在线课程、制定和评估馆员的培训计划工具包，其在线课程由 FIRNA 提供，内容包括管理金钱、银行和储蓄、信用卡、房屋所有权、教育、保险、如何投资、退休、社交安全、儿童和金钱、困难时期、保护、得到帮助、房地产计划。

（4）直接为图书馆开展相关活动。Smart Investing 还直接为图书馆开展活动提供支持，2019 年 4 月，FINRA 投资者教育基金会和美国图书馆协会选择了 50 个公共图书馆开展 "Thinking Money for Kids" 巡回展览，展览将在 2019 年 8 月至 2021 年 7 月巡回举行，参与的公共图书馆可以得到 1000 美元的津贴、与项目相关的资源和支持以及员工培训的机会。

2. 芝加哥联邦储备银行 Money Smart Week 项目

2001 年，芝加哥联邦储备银行开发了 "Money Smart Week" 为期一周的全国性金融素养活动，目标是提高消费者的理财能力。各种各样的合作伙伴参与其中，包括学校、金融机构、社区团体、政府机构、图书馆和金融专家。在每年 4 月，数百个机构聚集在一起，组织和协调开展各种各样的活动。在 2001—2010 年，个别图书馆也参与其中。2011 年，ALA 与芝加哥联邦储备银行正式合作，参与到 Money Smart Week 项目中，满足一定条件的图书馆可以成为合作者，同时履行相应的职责，如表 2-2 所示。自 2011 年 ALA 与 FRBC 合作以来，图书馆与各类组织一起合作，通过提供免费的一对一辅导、研讨会和互动活动，使消费者获得知识和技能，更好地了解个人金融决策。

表2-2　　　　　　　　图书馆合作者需要的条件和履行的职责

以下满足任一项	职责
1. 为消费者提供教育材料、讲师或研讨会。 2. 提供举办活动或宣传材料的设施。 3. 利用资源公开支持Money Smart Week@ your library。	1. 在其场地举办一个或多个活动，所有的讲习班、研讨会和活动都必须是教育性的，并提供个人金融知识，而且严禁推销或商业促销。 2. 所有讲习班、研讨会和活动应免费向公众开放。 3. 积极宣传和推广活动，以确保参加人数，Money Smart Week可以提供宣传包以帮助宣传工作，活动必须推广Money Smart Week@ your library活动。 4. 如果合作伙伴图书馆所在的某个地区或州已经开展了公共宣传活动，则该图书馆应加入上述已开展的宣传活动。 5. 在规定的期限内通过在线数据库提交图书馆活动信息。 6. 活动结束后向芝加哥联邦储备银行返回数据，包括所有活动的出席人数、合作伙伴调查、参与者调查、照片、视频和活动期间所使用的其他宣传材料的样本。

3. 图书馆金融教育服务对象

（1）不同年龄层的用户。图书馆针对儿童、青少年、成年人、退休人员等不同年龄层的对象提供金融知识教育。儿童和青少年被认为是金融素养提升的一个十分重要的群体，许多人在早年从未有机会学习理财。缺乏金融知识会导致糟糕的金融决策，人们付出的不仅是金钱，还有时间和机会，因此，图书馆注重儿童和青少年金融教育活动的提供。

（2）不同性别用户。图书馆在推进金融素养时还充分考虑了性别差异，有研究表明当被要求回答衡量基本财务概念知识的问题时，与男性相比，女性不太可能正确回答，并且她们不知道答案的可能性更大。此外，女性在金融知识素养自我评估方面的得分低于男性，青年妇女和老年妇女的金融知识水平都较低。金融知识对一些女性（例如丧偶或单身女性）来说非常重要，但她们可能对与日常金融决策相关的知识一无所知。因此，图书馆的金融教育也为许多女性用户服务，如埃米特奥尼尔图书馆在 2019 年 10 月开展"妇女与金钱：金融新兵训练营"活动，旨在缩小女性和男性之间的金融素养差异。

（3）特殊群体用户。包括创业群体、退伍军人、弱势群体等低净值人群，图书馆帮助这些群体了解和运用金融基础知识，摆脱自身贫困状况。例如，科罗拉多州利特尔顿的比米斯图书馆的利特尔顿移民资源中心在 2015 年获得 FINRA 的赠款后，为居住在丹佛南部的移民家庭提供了有关如何进行资金管理的支持和指导。

4. 美国图书馆的金融素养教育形式

（1）金融课程培训。包括公共课程、讲习班，甚至是大学的学分课程等。这些课程既有线上课程，也有线下课程，如科罗拉多州利特尔顿的比米斯图书馆的利特尔顿移民资源中心将金融知识纳入图书馆的第二语言课程中，与当地组织合作，帮助人们实现财务目标。密西西比州立大学的一位商业图书馆馆员在 2010 年秋季为本科新生讲授了一个关于金融素养的学分课程，向学生教授金融知识。

（2）研讨会、讲座、展览、竞赛等活动。很多图书馆计划都以此类形式开展，为参与的用户提供特定主题的知识。例如，ALA 和消费者金融保护局联手每年开展的年度"Money Smart Kids Read"儿童理财书籍阅读竞赛，以及肯特地区图书馆为青少年举办的金融素养游戏活动等。

（3）在线资源导航。图书馆利用免费的网络链接，为公众提供值得信赖的网络资源。科林学院图书馆的一位馆员 John Roggenkamp 为讲授金融素养的教师提供支持服务，其中包括进行 16 次指导课程并开发配套的 LibGuide，使老师和学生可以使用更有针对性的索引和印刷材料来使用图书馆中的资源。CFPB 为图书馆开展金融教育提供了一些在线资源，列举了许多来自于联邦政府机构、国家非营利性组织以及州和地方资源网站，可以让图书馆构建金融资源导航。一些图书馆也将自身购买的商业数据库放入在线资源列表，引导图书馆访问这些金融相关的数据库，如晨星投资研究中心、小型企业参考中心、法律信息参考中心、商业来源等。

（4）专家服务。图书馆通过邀请专家实现针对用户的专家服务，包括咨询专家与金融相关的知识、一对一金融辅导以及团体的金融咨询等。纽约皇后图书馆就与和贫困作斗争的社区服务协会的金融教练团合作，为个人提供免费金融辅导服务，个人可以预约与金融教练就各种话题进行交流，金融教练可以帮助其学习资金管理和获得财务稳定所需的技能。宾夕法尼亚大学图书馆成立学生金融教育中心，该中心位于商业图书馆，项目依赖学生作为教育者提供一对一的金融辅导服务，通过甄选大学生代表来充当顾问、课程开发人员和培训人员，由一个商业图书馆馆员负责监督。

（5）美国图书馆金融素养教育涉及的主题

金融知识领域广泛，涵盖许多学科和主题，常见的公共图书馆提供的金融知识领域包括就业、个人投资、中小企业、投资和税收、退休规划等，对于图书馆来说，提高用户的计算机技能，使他们有效地使用互联网资源和工具以找到适合自身的金融知识也是主题内容之一。美国图书馆金融素养教育涉及的主题分为 14 个大类，如表 2-3 所示。

表2-3　　　　美国图书馆金融素养教育涉及主题类型

类型	详情
计算机技能	提高客户的计算机技能，以便他们自己有效地使用互联网资源和工具。
投资	公司信息研究、投资计划、研究基金/股票。
税收	表格、信息、帮助服务。

续表

类型	详情
住房	房屋购买、房屋保险、抵押、丧失抵押品赎回权的问题。
公共援助	粮食援助、福利、育儿援助。
获得医疗保健/保险	医疗保险、医疗补助、社会保障、残疾长期护理。
教育/培训相关的费用计划	贷款、助学金、大学储蓄。
职业/失业问题	职业探索、就业计划、求职培训，专门针对就业的劳动法律、法规、标准的培训，工人补偿、失业及获得有效的财务信息、工作和职业机会。
家庭理财储蓄	储蓄/支票账户、预算、日常生活中的财务、财务目标制定和实现方式、财务紧急情况、节省和购买建议、服务提供商的声誉、消费者投诉。
信用	信用卡、信用评分/报告、如何获得信用/贷款、信用咨询。
金融欺诈和债务	身份盗窃、减少债务、个人破产。
退休	退休储蓄、退休计划等相关问题，用于退休目的的投资，如何申请社会保障。
创业	小型企业和企业家精神、创办小型企业的方法、启动或发展业务、市场分析、企业管理问题、企业支出、广告帮助。
保险	遗产规划与人寿保险。

二、加拿大

FCAC 动员包括全国各地的政府、企业、社区、教育和研究部门，共同为所有年龄段和收入水平的人提供具有差异化、针对性和吸引力的金融知识普及项目，主要分为青少年、成年、老年、土著居民、低收入者以及新移民六类人群。

（一）青少年金融知识普及

经合组织 2015 年国际学生评估报告（PISA）显示，加拿大学生的金融素养在 15 个受调查国家中与比利时并列第二，很大原因在于其实施形式多样的金融知识普及教育（见表 2-4）。

表2-4　　　　　　　　加拿大实施的金融知识普及教育

项目名称	项目内容	主办机构
1. 小学生"感知加元"教育项目	为加拿大8岁的儿童提供课堂内外的创新项目——"感知加元"（Dollars with Sense）项目，由具备商业背景的志愿者进行金融知识、工作准备和活动方案的指导，课程为儿童未来作出明智的财务决策进行启蒙教育，通过课内和课外项目以及游戏活动，帮助儿童逐渐形成挣钱、花钱、分享和存钱的概念。	国际青年成就组织（Junior Conference, JA）
2. 中学生"金融工具包"定制教育方案	为帮助中学毕业生更好地管理财富，以FCAC"你的金融工具包"（成人学习项目）为蓝本进行重新设计，其在2018年5月和11月出版的针对中学生的最新培训材料中使用了更多的通俗语言、图形和针对弱势、代表性不足的学生群体的例子，以及更有吸引力的研讨内容，并在全国四所学院举办的讲习班上试讲了修订内容。	FCAC、加拿大学生资助管理人员协会（CASFAA）、加拿大学院与研究所（CICan）
3. "大学生辅导高中生"合作框架	来自Penny Drops的大学生导师走访高中，每周免费为学生讲授课程，内容涉及许多主题，包括银行业基础知识、理财知识目标、投资与储蓄的差别等内容。Penny Drops还与"教育之路"（Pathways to Education）建立了合作关系，后者是一个扫除低收入社区青年教育障碍的全国性慈善组织，两者的合作正在不断扩大。	Penny Drops大学生非营利性组织
4. 家长、教师与学生开展"与金钱对话"活动	每年4月举办一次"与孩子们谈论金钱日"（TWOKAM）活动，旨在促进家长、教师和学生之间关于金钱的对话，在活动期间，教师需开展以金钱为重点的课程以及开办货币展示会，学生需就"养宠物需要多少钱""如果没钱上学该怎么付学费"等问题进行研究并展示他们的发现。	加拿大经济教育基金会（the Canadian Foundation for Economic Education）

项目名称	项目内容	主办机构
5."益智问答"家庭金融教育游戏	开发名为《财富》的免费网络益智问答游戏,为成人和儿童提供关于储蓄、明智消费和打击欺诈等话题问答。玩家可以测试自己的财富智慧,并与朋友和其他玩家竞争。加拿大金融和消费者服务委员会（FCNB）根据玩家问答数据改进网站资源,创建了欺诈警报订阅服务,并在媒体宣传活动中强调预防欺诈。FCNB认为,《财富》游戏作为支持理财知识的在线工具之一,把金融知识教育扩展到政府可能无法直接触达的家庭。	加拿大金融和消费者服务委员会（FCNB）
6.创建"未来基金"金融知识普及青年社区	"未来基金"是2018年成立的一个非营利性组织,旨在提高青年金融知识水平,目前为14岁至22岁的青年举办讲习班,开展在线教育活动,并帮助学生通过社交媒体分享金融知识,其创建的金融知识普及青年网络（FLYN）,由青年建立为青年运行,是一个共享资源、发出倡议、思想碰撞的金融知识社区。	"未来基金"非营利性组织（Future Fund）

（二）成年人金融知识普及

1. 借助"工作场所"开展金融教育试点

鉴于财务压力是许多上班族最为关心的问题,FCAC 与加拿大大西洋信贷咨询服务中心（CCSAC）开展工作场景教育试点,专为成年人提供有针对性的金融教育。教育内容以 FCAC 的《你的金融工具包》为蓝本,融入收入、费用、预算、信贷、债务管理、消费者权利和责任等专题。CCSAC 在涉及四省的 9 个不同工作场所开办了 15 个试点项目,并且可以接受远程参与。该试点项目为加拿大雇主在工作中开展金融知识教育提供了方案、实用工具和资源,并分享在加拿大 canada.ca/financial-wellness 网站上。

2. 通过"移动设备"培养公众财务预算行为

2016 年，FCAC 试行创新方法，把金融知识和在线预算工具直接发送到未参与财务预算者的手机上，旨在鼓励非预算者制定预算。跟踪研究表明，14%~20% 的非预算者开始制定预算，在改善非预算者预算行为上有显著的长期效果；试点期间一直参与预算制定的预算者中，54% 的人在一年半后仍在坚持。后续研究表明，制定财务预算者明显优于未制定财务预算者。以上方法证实，通过金融教育的干预可以培养持续且积极的预算行为，并改善财务成果，而移动技术则是可以运用的有力工具。

3. 开创"一教一"社区金融教学模式

"一教一"（EOTO）模式是以社区为基础的金融知识普及方案，经培训的信用社工作人员，在其社区的教堂地下室、教室和老年人活动中心等场所举办基础金融技能讲习班，由 17 个为期 1 小时的讲习组成，工作人员以客观中立的方式呈现信息，不推销任何产品或服务。2008 年，"一教一"在温哥华市信用合作社试点，2016 年在全国推广，目前共有 90 多家信用社获得认证。

4. 宣传"人寿保险"引导公众重视死亡和重大疾病

加拿大人寿保险和健康保险协会（CLHIA）开展了一项名为"时不我待"的教育活动，旨在引导公众关注与"死亡和重大疾病"相关的财务风险，以及人寿保险的作用。CLHIA 向公众提供有关人寿保险的客观信息。所有移动平台上都能够快速浏览"时不我待"网页内容，相关内容获得了 8300 多条浏览，相关行业术语的词汇解释获得了超过 4000 次点击量。

（三）中老年金融知识普及

1. 专门制定实施老年人金融知识普及战略

2014 年，加拿大发布《加强老年人金融知识国家战略》，由加拿大金融素养官和国家金融知识普及指导委员会负责，该战略要求公共、私营和非营利性组织开展合作，帮助老年人掌握他们所需的金融知识和工具，以适应日益复杂的消费金融市场，该战略中提出的所有倡议都已得到落实或推进。

2. 为中老年群体搭建"老年理财"研讨交流平台

加拿大银行家协会与 FCAC 合作开发"您的老年理财"项目，并在全国范围内推广，由银行员工志愿者提供服务，为中老年群体举办研讨会，在如何识别和避免欺诈、规避财务滥用以及计划退休开支等方面提供咨询和学习资料，迄今已有近 5000 名老年人参加了近 150 次研讨。

3. 多举措帮助中老年人建立"退休规划"

加拿大 AFOA 组织为中老年人举办"退休规划"讲习班，并录制视频发布在 YouTube 上，详细介绍老年人储蓄和退休计划的重点，探讨政府福利、其他收入来源、税收、保险、遗产规划、授权书等问题。加拿大养老金计划投资委员会（CPPIB）在 2018 年 11 月启动了综合性、多渠道的宣传活动，以"退休规划"为话题与加拿大人深入交流，相关电视广告获得了 9200 万浏览量，社交媒体获得了 720 万的浏览量，超过 15.5 万人访问了 CPPIB 网站。

（四）土著居民金融知识普及

1. 为土著居民开设金融知识提升课程

加拿大土著财务官员协会（AFOA）的"加元感知"项目和第一民族大学的"金融提升课程"项目为土著青年传递理财知识。"加元感知"项目主要在土著学校和社区中实施，旨在提高学生对储蓄、预算、消费和信贷等的理解，掌握辨别金融诈骗的基本技能，并指导设定财务目标，该项目还向学生介绍相关就业机会。"金融提升课程"结合土著学生的经历，设置涵盖财务目标设定、财务规划和财务决策等学习主题，93% 的学生表示学有所获。此外，金融咨询委员会、七代教育学院和马丁家庭计划 [①] 合作开发了一个金融教育试点项目，安排了25 小时的课程来讲授预算编制、银行业务、信贷和债务管理等知识。

2. 开展土著居民所得税纳税相关培训

加拿大繁荣基金会和加拿大税务局将"社区志愿者所得税项目"（CVITP）纳入安大略省第一民族财政福利项目之中，项目为期三年，主要内容为帮助申报纳税和获得财政福利。加拿大税务局和加拿大服务部加强与土著社区的联系，增加所得税讲习班的志愿者人数，并为志愿者免费提供工作手册和教学视频，为土著居民申报税收和获得福利提供帮助。

3. 实施"金融理财技能培养计划"

加拿大 ABC 生活扫盲组织于 2016 年启动"金融理财技能培养计划"，该项目一边实施一边收集学生反馈，不断完善教育资源的视觉

---

① 2003年至2006年期间，由加拿大总理保罗·马丁创立，旨在帮助土著学生取得最佳教育成果。

设计、故事和人物元素，以便更好地与土著居民产生共鸣。目前，已累计为土著居民举办讲习班 370 次，2017 年以来参与学习的土著居民有 5000 多人。

（五）低收入人群金融知识普及：帮助养成储蓄、纳税、关注健康等良好经济生活习惯

1. 通过"零钱"试点项目让低收入人群学会储蓄

渥太华联合劝募会（United Way Ottawa）与 FCAC 合作开发了一款零钱应用 APP，支持用户为支付学费、储存首付款、还债等设定储蓄目标，培养用户财务规划技能，帮助低收入人群脱贫。该应用运用行为经济学部分原理来引导消费者行为，推动用户为实现目标而做循序渐进的改变。试点期间，近 1100 名用户进行了 1067 次储蓄操作，共虚拟储蓄 46716 美元。

2. 社区志愿者帮助开展所得税申报服务

低收入群体可通过申报所得税获取政府财务补贴、税务抵免和退税等福利，加拿大税务局（CRA）通过社区志愿者所得税项目（CVITP）设立了税务帮助中心，免费帮助符合条件的低收入群体申报所得税，项目由全国各地的社区组织承办，以温尼伯省的社区金融咨询服务公司为例，其 2018 年共完成了 9667 份纳税申报，促成了超过 2740 万美元的退税和纳税抵免。同时，为帮助低收入者更好使用退税款项，FCAC 和加拿大税务局（CRA）编制了手册《当你获得所得税退税时该怎么办？》，包含如何将退款提现、存钱、选择银行账户、预算规划等知识。

3. 引导低收入群体关注健康状况

马尼托巴省卫生专家联盟制作了《获取你的福利》手册，向符合

条件的马尼托巴省人及其家庭介绍可获得的联邦、省和地区福利和社会帮扶计划。该手册每年更新一次，鼓励包括家庭医生、护士、社会工作者和教育工作者在内的一线卫生服务提供者向公众广泛分享。

（六）新移民金融知识普及

鉴于新移民（即2000年后定居加拿大的人）金融知识匮乏的情况，加拿大移民部（IRCC）专为移民制定了金融知识指南——《欢迎来到加拿大——你应当知道的事》，以通俗易懂的语言为新来者提供有关货币、税收、银行业务等实用信息，并在指南中设置了管理费用提示、抵押贷款、学生贷款和补充健康保险等知识，引导新来者了解在加拿大生活所需的经济知识。此外，IRCC还为新来者提供金融知识普及课程，其中包括以金融知识为重点的语言课程，新移民所在的社区组织通常也会帮助新来者提高金融知识水平。

第三节　国际金融能力发展的国际共识

一、推进金融知识纳入国民教育体系

（一）英国的中小学金融教育

2008年国际金融危机带来的教训，使得英国社会越来越意识到在学校开展金融知识和消费理念教育的重要性。英国儿童、学校和家庭于2010年6月28日至7月4日开展了"英格兰中小学金融教育周"活动，政府认为青少年掌握一定的理财技能十分必要，在青少年成长的过程中要不断加强这方面的学习，最终成长为聪明睿智的消费者。

2013 年修订的国家课程大纲新增了金融能力教育。英国对国家课程大纲的最新一次修订已在 2013 年 2 月 7 日公布并征询公众意见，其中重要的一项是将金融能力教育列入国家课程大纲，即规定对 11~16 岁的中学生进行金融能力（知识）教育。涉及金融能力教育的主要有以下几项：一是数学。新大纲对数学课程总体来说提出了更高的要求和标准。二是公民素质教育。公民素质教育的主旨是增进小学生在英国国家是如何治理的以及公民权利和义务方面的理解力。此次修订对于金融能力（知识）教育也提出了新的要求，对于 11~16 岁的青少年，增加了货币的功能及其使用、个人预算、财务管理的重要性以及一些金融产品和服务方面的知识。此外，还要求学生学习关于薪水、税收、信贷、债务、金融风险以及一些更为复杂的金融产品和服务方面的知识。

（二）美国的中小学金融教育

1. 立法和政策支持

1983 年 4 月 26 日，由里根政府指任的蓝带委员会制定了划时代的教育报告——《国家处在危机之中》，该报告把理财教育作为数学和阅读部分的重要内容保存下来，确保了理财教育在课程中的重要地位。2002 年时任总统乔治·W. 布什签署了《不让一个孩子掉队》教育法案，此法案第一次把经济素养教育作为整个教育体系中一个重要组成部分提出来，并规定在中小学设立基金以保证顺利将经济素养教育整合到基础教育中去。2003 年，美国联邦政府颁布《金融知识和教育促进法》，明确提出把面向国民的金融教育正式纳入国家法案，部分州先后通过立法将金融教育列为从启蒙教育至大学教育的 12 年学校教育必修课程。

2. 教育目标循序渐进

经过长时间的发展，美国已经形成了一套适合中小学生身心特点的金融知识普及教育目标：3 岁能辨认硬币、纸币；4 岁能知道每枚硬币是多少美分，能认识到无法把商品买全，因此必须作出选择；5 岁知道硬币等价物，知道钱是怎么来的；6 岁能数数目不大的钱，能数大量硬币；7 岁能看价格标签；8 岁知道可以通过做额外工作赚钱，知道把钱存在账户里；9 岁能制定一周的开销计划，购物时知道比较价格；10 岁懂得每周节约一点钱，可供大笔开销时使用；11 岁知道从电视广告中发现事实；12 岁能制定并执行两周开销计划，懂得使用一般银行业务中的术语；13 岁至高中毕业尝试进行股票债券等投资活动及商务、打工等赚钱实践。

3. 教育内容以理财知识为主

美国中小学金融知识教育以理财教育为主要内容，主要涉及三个方面：一是认识金钱。包括引导中小学生接触和认识金钱，了解金钱的来源、意义、用途和局限。二是理财知识教育。包括引导中小学生初步了解经济、金融、消费等方面的知识，以及个人、家庭理财常识。三是理财技能教育。包括一些储蓄、投资和识别判断等能力的培养。

4. 教育形式多样

美国中小学金融知识教育是以学校教育为主，以金融组织和家庭教育为辅的教育模式。

（1）学校教育。美国校园金融教育有三种模式：一是开设单独的金融知识课程，优点在于能够将金融知识教育纳入一个连贯的体系，并使其从一开始就能获得与其他学科同等的地位。二是整合进入其他学科中的金融知识课程。例如与数学、阅读等核心课程进行整合，使学生在学习必修课的同时也有机会接触金融知识，缓解学校课程时间安排的压力，教师知识储备更广，教学水平更高，内容也更加丰富。三是以主干课程形式整合进入学科中的金融知识课程。整合之后课程中金融知识相关内容占很大比例，同时其他学科内容主要是为解决金融知识教育问题而安排的。

（2）金融组织教育。美国有大量的社会组织和金融机构致力于金融知识教育，例如1908年成立的美国国家信用联盟委员会，该机构通过一些免费的研讨会开展金融知识方面的咨询建议，2002年该联盟开始在学校设立分支机构直接服务于学生。21世纪，国家信用联盟委员会与理财教育捐赠组织联手向高中学生赠送金融知识教育材料，用多种语言传授金融知识，以满足更多学生的需要。目前美国共有74家类似的联盟，分布在25个州的238所学校中，它们已经形成了一个有机的组织，定期开展活动，为美国中小学金融知识教育的开展提供了极大的支持。

（3）家庭教育。美国家庭普遍认为，金融知识教育是家庭教育的一个分支，家庭教育是学校教育的补充。美国家庭金融知识教育主要包括鼓励孩子在课余时间自己挣钱、学会存钱和花钱、帮助孩子进行投资、培养孩子的馈赠意识等。

5. 美国中小学金融教育政策特点

（1）有专业性机构和组织的领导和支持。美国"个人金融教育组织"现已发展成为美国中小学校实施个人金融教育的领导性机构，它是由政府、美国金融服务当局和金融行业资助的一个慈善教育机构。它的宗旨就是与教师、政府、消费者团体和金融行业代表一起协作帮助学校在个人金融素养教育方面达到尽可能高的水平，确保儿童和青年能够理解关于金融方面的知识并作出有见地的选择。

（2）灵活和多样化的教育方式。在美国中小学中，金融教育的目的更多的是培养能力，而不是传授知识。在金融知识传授途径上，学校没有采用专业人员独立授课的方式，而更多地倾向于通过经常性的渗透性教育，与学生日常生活中可能面临的或感兴趣的各种金融决策相关，将金融教育与一系列课程融合起来，让学生真正参与进来。

（3）拥有完整的社会支持体系。美国中小学金融教育的发展及其在基础教育中的地位不断提高，是与社会的有力支持分不开的。给学校提供支持、建议或帮助的机构主要有个人金融教育组织、政府教育部门、银行、地方性团体、企业等机构，这些机构都给学校提供了不同程度的支持。个人金融教育组织充分发挥互联网的作用，在其官方网站上，不管你是需要帮助的教师或学生，还是有兴趣为金融教育提供资助或服务的机构或个人，抑或是想更多了解金融教育的家长或其他感兴趣者，都可以方便地寻找到你所需要的信息或资源。这一计划将最大程度地发挥该组织在提高学校个人金融素养教学质量和数量的专业技能的影响力。

二、金融能力国家战略

（一）美国

2006年，美国制定第一个金融教育国家战略——《掌握未来：金融素养国家战略》，从联邦层面绘制金融素养与教育蓝图。

2009年，针对金融产品和服务高度复杂化的实际情况，美国启动了金融教育国家战略的修订工作。新修订后的金融教育国家战略强调基础性金融教育的重要性，推动社会各界参与到金融教育工作中，并明确将信用卡、住房贷款、识别金融欺诈、评估家庭金融产品及服务等作为教育重点。此外，作为落实该国家战略的重要内容，美国大力倡议并推动将金融知识纳入学校教育必修课程，目前已有 50 个州设立了中学经济课程标准，以帮助学生尽早形成良好的金融消费观念及习惯。

2011 年，美国发布修订后的国家战略——《促进美国的金融成功：金融素养国家战略》，明确了四个行动目标和五个行动领域。2019 年 6 月，美国财政部发布了《高等教育机构金融素养和教育的最佳做法》，7 月发布了《联邦金融素养改革报告：协调和改善金融素养工作》，对美国金融消费者教育提出了下一步工作建议，主要内容包括：

一是加强高等教育机构的金融素养与教育工作。教授学生金融知识，帮助学生及其家人避免落入高等教育融资陷阱，并作出最佳的财务决策，将成为所有高等教育机构的优先事项。

二是规范金融教育从业人员行为标准。提出金融教育从业人员应遵循"有效金融教育五项原则"：了解要服务的个人和家庭；提供具有可行性、相关性和及时性的信息；培养关键财务技能；创建动机，充分利用人们的价值观、欲望、兴趣来驱动金融学习；轻松作出正确决策并坚持到底。

三是持续提供金融教育支持并开展定期评估。确定将一对一财务指导纳入金融素养和教育服务的可行方案，选取绩效指标、收集数据、评估或衡量目标进展，持续改进金融教育实施效果。

（二）澳大利亚

澳大利亚于 2011 年制定了《金融素养国家战略（2011）》；于

2014 年制定了《金融素养国家战略（2014—2017）》和《金融素养国家战略（2014—2017）：行动计划》，涵盖区间为 2014 年至 2017 年。2014 年至 2017 年期间，在国家战略和国家战略行动计划之下，澳大利亚分别在 2014 年、2015 年、2016 年出具了三份重点事项报告：《年度重点事项报告（2014—2015）》《年度重点事项报告（2015—2016）》和《年度重点事项报告（2016—2017）》。2018 年，为期三年的金融素养国家战略到期后，澳大利亚将"金融素养"（Financial Literacy）转换为"金融能力"（Financial Capacity），制定了《金融能力国家战略（2018）》（*National Financial Capacity Strategy*），这也是澳大利亚实施金融能力国家战略的现行版本。《金融能力国家战略（2018）》围绕金融能力国家战略概要、重要性、什么是金融能力建设、如何建设金融能力、测评五个模块展开。

《金融能力国家战略（2018）》第一部分指出，澳大利亚人能够控制好金融生活，可以使所有人受益。政府、企业、社会团体、教育和研究机构合力提升个人、家庭和社区的金融能力，具有重要意义。人们日常的金融决定受到一系列因素的影响。生活的复杂性和公民日常决策在不断变化，公民目前管理财富的方式可能无法反映未来的金融需求。长期的行为改变无法通过单个项目或者一次性的干预来达成。政策制定者需要理解公民作出决策的环境以及需要额外或特殊支持的情景和场合。通力合作、整合资源网络，可以支持公民更好地进行日常财富管理、实施明智决策、规划未来，有助于提升澳大利亚公民管理个人金融生活的能力，这也是金融教育国家战略的政策目标。

金融能力建设为何重要？每天，人们都在和金融系统打交道，有的是以复杂的方式进行，但大多数情况下，这只是日常生活中的一项任务，毕竟几乎每个澳大利亚人都有银行账户。不管财富多寡，澳大利亚人都需要接触金融产品和服务，因而需要理解并使用。当一切顺遂时，人们会觉得自己的金融生活在正轨上，可以更好地规划未来。60% 的澳大利亚人认为自己善于理财，但也有不少人为如何打理财富而感到苦恼。实际上，超过三分之一的人觉得跟钱打交道很有压力。提升金融能力不会一蹴而就，这是一个漫长的过程，但是这项工作的收益也是显著的。通过改善金融技巧和行为，在一定的时间之后就可以看到显著的改变。

该战略第一部分介绍什么是金融能力建设。每个人都有自己的财富体验，由一生中积极和消极的理财经历组成。这些经历影响了人们的金融态度、金融偏见和金融行为。越能理解自己的理财方式，越能获取更多采取行动提升金融现状的机会。国家战略确定了澳大利亚人可以掌控金融生活的三大行为领域：日常财富管理、实施知悉财务决策、规划未来。

第二部分介绍如何建设金融能力。十多年来，政府、企业、社区、教育和研究组织共同致力于提升对财富的理解，促进普惠金融、金融发展和金融福利。这些工作的基础在于承诺：教育，促进终身学习，帮助澳大利亚人在整个人生历程中发展和提升金融能力；告知，提供相关、公正的信息和工具，协助在不同场景下作出金融决定；支持，帮助人民更好地了解自身情况，评估自身的金融决策，躲避金融陷阱；互相学习，知识差距突出和合作机会显现时可以共同获益。

第三部分介绍如何认识监测评估在金融能力国家战略中的定位。众所周知，通过国家战略的制定和实施能够为改变人们的生活提供金融支持。但是也要思考：如何在正确的时间提供正确的信息和支持？有没有人被遗漏？有没有充分考虑特殊和额外的需求？众人都希望金融能力国家战略可以使所有澳大利亚人受益，不过战略尤为关注：女性的金融参与、年轻人作出明智决策、老年人获取支持和土著居民可以获取适当的金融产品和服务。作出改变很重要，但是，如何作出改变并加以分享，可以为行业发展注入可持续的力量，如果能衡量金融能力国家战略的影响则更佳。当然，很关键的一点是，需要将资源投放在最有价值的地方。澳大利亚金融能力国家战略对相关活动进行测评，保证所实施的活动对提升金融能力具有正向意义。

（三）加拿大

1. 战略的基本情况

（1）三个具体战略目标。一是明智地管理资金和债务。扎实掌握基础金融知识和技能，能根据收入状况履行金融契约，更好地管理自身经济生活。早期的基础教育有助于建立影响一生的理财习惯，终身学习有助于知识的持续更新。二是规划未来并储蓄。金融素养的重要部分是制定财务目标并明确实现路径，财务目标既可以是购置电脑等短期目标，也可以是教育、退休等长期目标，目标下的倡议能帮助人们加深对金融产品和服务的理解，提升评估其特征、成本、收益及风险的能力。三是防止欺诈和金融滥用。在新骗局不断涌现的当下，任何人都可能成为金融诈骗的受害者，公众需要知晓相关常识并最大程度地规避风险，以及被欺诈后寻求帮助的方式。

（2）三个重要原则。一是协作与共享。协调包括政府、教育工作者、金融从业者、雇主、非营利性组织、家庭和个人等在内的主体参与。FCAC致力于促进公共、私营和非营利性组织间的伙伴关系，并与相关方合作制定金融素养评估标准。二是定制化项目与运用通俗语言。采取多种方式吸引更多人参与，开发和推广使用视频、网络和APP等具有吸引力和互动性的动态资源。使用通俗易懂的语言，让信息更易接受，同时结合行为经济学等研究，个性化地开展项目安排。三是吸引更多人参与。将金融知识普及融入工作场所、社区、医疗保健地点、学校、社交服务、媒体等，丰富国民金融素养提升渠道。与相关机构合作，在成年、生子、购房、退休等重要时间节点提供帮助。

（3）落实《加拿大金融知识普及国家战略》的职责分工。一是金融素养牵头人与公共部门、私营部门、非营利性组织以及消费者合作推进战略实施。加强工作指导、评估与问责，提高各部门协作意识，整合各部门工作合力，改进金融知识普及方案，推进各省、各地区落实工作举措。二是国家金融知识普及委员会，在落实金融素养牵头人工作部署的同时，推动其成员利用各自网站提供金融知识学习的工具和资源，并扩展在各地社区开展活动的覆盖面，使不同类型、不同年龄的受众均能受益。三是公共部门、非营利性组织和私营部门积极参与社区金融知识普及，建立分享专业知识和资源的网络。四是鼓励公众积极参与，主动学习金融知识和技能。

2. 战略实施

（1）开展"线上＋线下"多渠道、广覆盖宣传。"线上"方面，加拿大金融消费者管理局（FCAC）将相关内容链接到众多机构网站内，既便利网站访问又提升宣传效果。目前，加拿大已建立金融知识普及网络18个，包含570多个机构。"线下"方面，FCAC通过多渠道开展推广活动，持续吸引新的合作者加入。例如，在全国各地进行演讲和推广，利用社交媒体、展会等展示FCAC的金融知识学习工具和资源。推动各地政府将金融知识普及纳入学校课程，联合私人、公共和非营利性组织将金融知识普及纳入社区工作。

（2）建立"国家金融知识普及数据库"。FCAC"国家金融知识普及数据库"是一个一站式在线资源，包括数以百计的项目，可按主题、地点、知识水平和受众进行搜索，不同机构均可在数据库中分享资源。自 2014 年以来，数据库已发布 245 个机构的 1600 多份资源，尤其在金融知识普及月活动（FLM）期间，各合作机构大量发布各类活动和项目信息，供公众使用、参与和共享，迄今共发布了 6495 个活动和项目。此外，数据库还设有自我评估测验工具，公众可通过测验了解自己的金融知识水平，并按照网站引导学习相应资源，自 2014 年以来，已有 5 万多人次参与测验。

（3）紧贴"家庭生活"创作金融知识普及视频资源。一是 FACA 制作动画《弗洛伊德和他的家人》用于金融知识宣传和推广，动画展示了一个极具代表性的加拿大家庭在日常生活中进行财务决策的过程。该动画自 2015 年推出以来，一直在探讨银行账户如何选择、信用报告如何读懂、延长汽车贷款及信用卡利息如何计算等与家庭生活息息相关的问题，生动展示了 FCAC 丰富的在线金融工具和资源。二是投放全国性视频广告。2017 年至 2018 年，FCAC 发起了一项全国性广告宣传活动，发布了关于房屋净值信贷额度、汽车长期贷款和财务目标计算器等债务管理知识的系列广告，并广泛投放于 YouTube、Facebook、Instagram 以及搜索引擎等。

（4）组织志愿者为公众开展"量身定做"的知识培训。一是加拿大特许专业会计师开设金融知识培训班，培训班始于 2013 年，目前已开设了 40 个动态金融教育单元，每个单元都是为不同年龄和人生阶段的人量身定做，数千名志愿者在全国各地的社区、图书馆、学校和工作场所提供 1 小时的免费课程。二是加拿大信贷社举办讲习班及金融知识讲座。加拿大信贷咨询机构及其成员机构，通过开办讲习班向雇员和青年讲授金融知识，累计向 11.7 万人讲授课程，并在金融知识普及月期间组织开展"信用教育周"（CEWC）活动。

（5）通过金融知识普及月、全国会议和专题讨论会进行动员。自2011年开始，FCAC每年举办金融知识普及月活动，以不同主题鼓励人们关注财务状况，了解金融权利和责任。此外，FCAC每三年举办一次全国性会议，召集推动金融素养提升的个人和机构，探讨创新项目、金融素养评估工具、前沿研究和新兴趋势等内容。

第四节 国民金融能力发展的一般经验

一、制定实施金融能力国家战略

目前，全球有60个国家正在制定或实施金融能力国家战略，为提升国民金融能力制定步骤、措施、路线图，以推动提高国民金融能力。大多数国家金融能力国家战略与普惠金融发展或金融消费者保护方面的国家战略相互衔接，紧密关联。也有部分国家金融能力战略是普惠金融战略或金融业发展战略的一部分，这种做法虽然可以让金融能力战略依托于国家金融方面的其他重大战略，但一定程度上也会削弱金融能力战略的影响力。

金融能力国家战略包括以下内容：

一是对金融教育、金融素养和金融能力等关键术语进行界定。虽然金融教育、金融素养和金融能力在理论上是不同的概念，但实际中更多是在替换使用。因此，应按照约定俗成的原则对其进行定义。

二是明确提升国民金融能力的好处。金融教育国家战略应当说明提升国民金融能力对消费者、金融机构、政府部门和金融管理部门、教育机构等相关主体的帮助和促进作用，这样会使相关主体更愿意支持和致力于金融教育国家战略的制定和实施。

三是分析提升国民金融能力与金融稳定、金融业发展、普惠金融发展、加强金融消费者保护和减少贫困等其他重要事项的关联。

四是明确实施金融能力战略的资金安排，推动形成多元化、可持续的金融知识普及教育经费投入机制。潜在的资金来源主要包括财政预算、中央银行和其他金融管理部门、公私合作组织、金融服务机构、基金会、社会捐赠、实施机构的自身资金等。

五是具体的行动计划。包括活动项目、负责机构、时间安排、各项活动的衔接。活动内容具体包括金融能力项目的制定、测试、实施，相关部门的沟通机制。行动计划应当定期审查，及时修改完善。[①]

二、推进金融知识纳入国民教育体系

金融知识纳入国民教育体系一直受到国际组织和世界各国的重视和关注，国际组织深入研究并推介金融知识纳入国民教育体系，全球至少有 40 个国家（地区）已将金融教育纳入中小学课程。

（一）发布《学校金融教育指引》

经济合作与发展组织金融教育国际网络（OECD/INFE）在 2005 年发布的《加强金融教育和金融意识的原则及良好经验》中提出"金

---

① 世界银行. 金融消费权益保护的良好经验（2017 年版）[M]. 中国人民银行金融消费权益保护局，译. 北京：中国金融出版社，2019：246—247.

融教育应尽早开始，理想的情况应从学校教育开始"。此后，OECD/INFE围绕该主题先后发布了《学校金融教育：挑战、案例和政策指引》《学校金融教育的国际实践与比较》《学校金融教育指引》等一系列报告。其中，《学校金融教育指引》概括总结了金融知识纳入国民教育体系工作要点，旨在指导和帮助OECD/INFE会员国家推动金融知识纳入国民教育体系。

（二）开展学校金融教育有效性评估项目

世界银行于2010年开始在巴西采用随机控制实验的方法对金融知识纳入高中教育的项目进行了有效性评估。世界银行设计了一套类似于美国学术能力评估测验（SAT）的金融水平测试，构建了反映金融素养的得分系统。然后，在巴西的6个州选择成对学校，分成实验组和对照组，实验组的学生可接受金融知识课程，在基点阶段、项目一期以及项目二期分别对两组学生进行测试，整个项目历时15个月。该项目得出了两个结论：一是采用合理方式并较长时间在校园讲授金融知识可有效提高学生的金融素养；二是校园金融教育可以对学生及其家庭产生显著的正面影响。

（三）将金融教育纳入中小学课程

1. 美国将金融教育列为从启蒙教育至大学教育的必修课程

美国联邦政府在2003年颁布《金融素养和教育促进法》，明确提出把面向国民的金融消费者教育正式纳入国家法案。一些州已通过立法，将金融教育列为从启蒙教育至大学教育的12年学校教育必修课程。美国消费者金融保护局（CFPB）在2015年4月发布的《推进K-12金融教育：对政策制定者的指导》报告显示，美国开展的K-12（即幼儿园至高中）金融教育模式在提升学生的金融知识水平、帮助学生形成良好的金融消费习惯方面产生了积极的影响。

2. 英国将金融能力教育列入国家课程大纲

英国教育部于 2013 年对国家课程大纲进行了修订，将金融能力教育列入国家课程大纲。对 5—11 岁的儿童，增加了使用货币方面的内容；对 11—16 岁的青少年，增加了货币的功能及其使用、个人预算、财务管理的重要性以及一些金融产品和服务方面的知识；还要求学生学习关于薪水、税收、信贷、债务、金融风险以及一些更为复杂的金融产品和服务等方面的知识。

3. 巴西、新西兰采用跨学科方式将金融知识纳入课程

巴西国家金融教育委员会批准了学校金融教育指导方针，目前在高中试行金融教育的跨学科方法，成立了教学支持团队，并要求金融教育教学要促进现有各课程之间的对话与融合。

新西兰教育部通过跨学科的方式将金融教育纳入新西兰学校课程，鼓励老师和学生将金融教育与社会学、数学、统计和英语等学科关联起来，在现实情境下学习，增强生活技能，为进一步学习与职业发展打开通道。[①]

三、其他形式金融知识普及教育

（一）金融教育网站建设

美国设立了 mymoney.gov 的官方网站，集中了有助于公众作出正

---

① 余文建. 推进金融知识纳入国民教育体系的几点思考[J]. 清华金融评论，2017（6）：14—19.

确金融决策的资源和相关链接，致力于向公众提供可信赖的金融信息并增进其对金融知识的了解。此外，CFPB 在其网站开设专栏提供金融消费课程，提供教育类游戏、课堂学习计划、在线出版物和多媒体工具等多种形式，为公民提供覆盖全生命周期的金融知识及金融规划，包括获取助学贷款、申请住房贷款、制定养老计划等。

（二）"一教一"社区金融教学模式

"一教一"（EOTO）模式是以社区为基础的金融知识普及方案，经培训的信用社工作人员，在其社区的教堂地下室、教室和老年人活动中心等场所举办基础金融技能讲习班，由 17 个为期 1 小时的讲习组成，工作人员以客观中立的方式呈现信息，不推销任何产品或服务。2008 年，"一教一"在温哥华市信用合作社试点，2016 年在全国推广，目前共有 90 多家信用社获得认证。

（三）通过"零钱"试点项目让低收入人群学会储蓄

加拿大渥太华联合劝募会（United Way Ottawa）与 FCAC 合作开发了一款零钱应用 APP，支持用户为支付学费、储存首付款、还债等设定储蓄目标，培养用户财务规划技能，帮助低收入人群脱贫。该应用运用行为经济学部分原理来引导消费者行为，推动用户为实现目标而做循序渐进的改变。试点期间，近 1100 名用户进行了 1067 次储蓄操作，共虚拟储蓄 46716 美元。

第三章 / 国民金融能力发展：中国实践

　　中国国民金融能力的发展是随着中国金融业的持续改革开放和金融市场的快速发展深化而逐步推进的，这既是实现金融业高质量发展的必然要求，也是对国际良好经验的学习借鉴。在党中央、国务院的正确领导下，中国人民银行会同其他金融管理部门共同制定了《中国金融教育国家战略》并认真组织实施，采取集中性金融知识普及活动、消费者金融素养问卷调查、推进金融知识纳入国民教育体系、数字化开展金融教育、建设金融教育示范基地等措施，努力实现金融教育常态化、阵地化、数字化、趣味化，不断提高金融教育的针对性、有效性和长效性。

　　本章在全面梳理分析中国国民金融能力发展现状的基础上，通过在金融能力国家战略、金融能力项目实施、数字技术应用等方面与国际经验的对比分析，深刻剖析了中国国民金融能力发展中存在的主要问题及其深层次原因，为聚焦问题、精准发力，在新的起点上持续推进中国国民金融能力发展提供了前提条件和良好借鉴。

第一节　中国国民金融能力发展现状

一、中国国民金融能力发展历程

2008 年国际金融危机以来，金融消费者权益保护受到各国的进一步重视和强化。金融教育作为一种预防性保护，在金融消费者保护领域意义重大，是金融消费者保护的基础性、长期性和系统性工程，也得到了越来越多国家（地区）和国际组织的高度重视。金融教育关系到国家金融业的发展，并与消费者对金融市场的信心、行为偏差密切相关，进而影响金融体系的稳定与安全。消费者金融素养的不足和金融消费权益保护的缺失，是导致金融系统性风险，乃至引发经济危机并扩展至全球的重要诱因之一。开展金融教育可以提高国民金融能力，在一定程度上将维护金融稳定的关口前移，有利于防范系统性风险累积、减轻风险传递和扩散的危害。尤其是随着金融业快速发展，金融产品日趋复杂，各类金融风险不断向消费者转移，单纯依靠金融监管已不足以充分保护金融消费者的利益。随着居民收入的增长，消费者广泛参与金融市场，而金融市场上产品和服务的数量和复杂程度正日益上升，只有对其具备一定的认知能力和实践经验，才能更好地参与其中，作出良好的金融决策。开展金融教育，使消费者更好地了解金融产品和服务，提高国民金融能力已成为长期的、需要优先考虑的政策需求。

中国高度重视国民金融能力发展，自 2008 年以来，在体制机制、组织架构、资源保障等方面都进行了调整和创新，并发起了一系列国民金融能力发展倡议和活动。本书将中国国民金融能力发展历程划分为三个阶段，第一阶段是 2008—2013 年，该阶段是国民金融能力发展的探索期，这一阶段的特点是各相关部门逐渐重视金融教育，探索开展形式多样的金融教育活动，但均是在各自职责范围内，联动性不高，存在多头布置、资源重复投入等问题。第二阶段是 2013—2017 年，该阶段是国民金融能力发展的整合期，这一阶段的特点是各相关部门开始注重统筹开展金融教育，致力于在顶层设计方面进行突破，制定金融教育国家战略以及推动出台国家层面的金融教育指导性文件。第三阶段是 2017 年至今，该阶段是国民金融能力发展的成熟期，这一阶段的特点是面对新时代对金融教育工作提出的新挑战，各部门坚决落实习近平新时代中国特色社会主义思想，坚持以人民为中心的理念，创新开展金融教育活动，以金融教育助力决胜全面建成小康社会、夺取新时代中国特色社会主义伟大胜利。

（一）国民金融能力发展探索期（2008—2013 年）

从 2008 年开始，中国认识到了金融教育的重要性，相关部门投入了大量精力和资源，开展了多种形式的金融教育活动。尤其是从 2012 年开始，中国人民银行、原中国银行业监督管理委员会、中国证券监督管理委员会、原中国保险监督管理委员会，分别设立了金融消费权益保护局、原银行业消费者权益保护局、投资者保护局、原保险消费者权益保护局等金融消费者保护机构，并根据各自职责范围开展了相关金融教育工作，收到了良好的效果。

65

1. 2013 年以前中国人民银行金融教育开展情况

一是采取多种有效方式，进一步强化面向社会宣传金融知识的理念，加强金融知识普及和宣传教育工作。通过开展宣传月活动，举办讲座和知识竞赛，制作宣传金融知识的电视公益广告，在新闻媒体开辟金融知识专栏，在相关网站开辟金融知识网页，免费开放金融专业博物馆、展览馆供社会公众参观学习，向社会公众宣传金融法规、金融政策、金融服务等方面的知识。

二是开展一系列专题金融教育活动。通过印制反假货币宣传手册、建立人民币防伪知识互动网页等形式，加强反假货币宣传；开展"6·14信用记录关爱日""征信知识宣传周（月）"等专项宣传活动；开展"反洗钱宣传月"、反洗钱知识竞赛等特色活动；组织"金融知识进社区"活动，开展大规模的支付结算知识宣传与培训，针对农村居民开展银行卡安全使用方面的教育等。

三是组织编辑出版普及类金融图书。编写《金融知识国民读本》《金融知识进社区》等一系列金融知识普及教材，并向社会公众免费赠阅部分普及性的金融图书，让优秀的金融知识普及读物进社区、进学校、进农村，引导社会公众学金融、懂金融、用金融。在中国人民银行网站设立"金融知识"板块，就支付与银行卡、人民币与反假币、国库、征信及反洗钱等知识进行普及宣传。

2. 2013 年以前中国银行业监督管理委员会金融教育开展情况

原银监会积极开展广泛、持续、系统的金融宣传教育活动，培育消费者的自主选择判断能力和主动维权能力。

一是引领和推动银行业树立"公众教育服务"理念。建立公众教育服务区，免费提供金融知识宣传材料，开通公众咨询电话，搭建公众教育服务网络平台，及时发布关于安全用卡、警惕非法金融活动等风险提示，并带动各地设立公众教育服务网络。通过宣传折页、宣传片、短信、现场咨询等多种方式，组织开展全国银行业公众教育服务日活动。在全国组织开展防范打击非法集资宣传月活动，引导公众提高识别能力，自觉抵制非法集资，从源头上遏制非法集资。

二是针对不同群体启动金融教育项目。启动针对万名进城务工者的金融知识宣传教育活动，提升其防范金融风险的能力。推动北京、上海等地区编制完成中学生、小学生金融理财教育课本，逐步实现金融知识进课堂目标。在大学开展银行消费者宣传教育公益活动，向大学生介绍银行服务及理财知识。持续开展"送金融知识下乡"活动，组织金融系统团员青年，深入西部偏远地区、农村地区开展宣传教育。在银行业内部开展消费者权益保护工作知识竞赛，提高银行业从业人员的社会责任感和服务意识。开展全国小微企业金融服务普及宣传活动，帮助小微企业主、个体工商户了解并获得银行业金融服务。

三是通过与媒体合作不断扩大金融教育受众范围。与报纸、杂志、网站等媒体合作开辟金融知识专栏，针对信用卡、理财业务、电子银行等热点产品和服务进行宣传讲解，引导公众树立科学理财和合理消费观念。与专业媒体合作，开展航空等特定行业人员金融知识竞赛，提高成熟消费群体金融知识水平。

3. 2013 年以前中国证券监督管理委员会金融教育开展情况

针对我国资本市场投资者的特殊性，证监会积极探索创新投资者金融教育工作机制，营造健康投资文化氛围，提高投资者自我保护能力，培养成熟投资者队伍。

一是不断加强与投资者直接交流，倾听市场声音，深入了解投资者动态。召开投资者座谈会和市场机构座谈会，与投资者建立沟通平台。常态化收集分析投资者舆情，开展投资者现状、需求分析和对策专题研究，指导实际工作。

二是主动回应、传导正面声音，迅速反应、推动问题解决。开展了对投资者关注的共性问题集中答复工作。对投资者集中反映的问题，有的通报证监会内有关部门研究处理，有的推动督促市场经营机构解决落实。

三是组织系统各单位开展投资者保护主题活动，倡导理性投资，培育良好的市场文化，督促市场经营主体自发自觉地服务和主动回报投资者。组织中小投资者走进上市公司，与公司高管人员对话。组织对证券期货经营机构的培训，提升他们为投资者服务的意识和水平。

四是进一步发挥媒体作用，组织制作和投放各类投资者教育产品，普及投资基础知识，倡导健康投资文化。编印和发放《投资者关注热点50问》等投资者教育系列手册，制作和组织播放公益广告、动漫片等，编写和投放证券期货市场风险警示词条。

五是积极推动投资者教育纳入国民教育体系。推动上海地区率先开展相关试点工作。目前上海证监局、上海证券交易所已经和当地教育部门建立合作关系，有关教材已经正式出版，下一步拟开展试点教学工作。

六是开展投资者适当性制度研究。对目前我国投资者适当性制度实施中存在的主要问题进行了初步分析，提出相应的工作建议。系统梳理适当性规定，供中国证券业协会编印相关工作手册。

4. 2013 年以前中国保险监督管理委员会金融教育开展情况

原保监会一直高度重视保险消费者教育，将其作为保护保险消费者权益的一项重要基础性工作，采取一系列措施，普及保险知识、提升保险理念，提高保险消费者的选择、鉴别和维权能力。

一是构建保险消费者教育体系。明确监管机关、行业协会、保险机构在消费者教育中的职责分工，相互协作、密切配合，共同推进保险知识进学校、进农村、进社区、进机关、进企业。

二是拓展保险知识普及渠道。充分利用网站、微博、广播、报纸等媒介宣传保险知识，先后开通保险知识大讲堂网络版、保险消费者知识园地官方微博，播放保险公益广告等

三是加强信息披露和风险提示。按季度向社会公布保险消费投诉情况；在中国保险行业协会网站公示保险条款和费率，并提供全部保险产品备案情况的自助查阅，方便消费者及时获取所需信息；针对社会关注的、与保险消费者权益密切相关的热点重点问题，及时发布消费风险提示，做好风险防范。

四是各地针对不同群体开展教育活动。每年"3·15"国际消费者权益保护日期间，组织全国范围保险知识普及活动，通过组织知识讲座、设立宣传咨询台、发放普及读物等方式，密集宣传保险知识。有的地区对于社区居民，依托小区物业设立固定保险知识宣传栏，定期组织保险机构业务人员开展咨询活动；有的地区针对农村群众，推出家门口保险普及，鼓励保险机构在自然村选派保险联络员，及时发布风险信息与保险知识；有的地区面向在校学生，连续八年开展中小学生"保险伴我快乐成长"征文活动，推动保险知识纳入日常教育；有的在地方报刊开辟保险知识专栏、制作保险生活电视栏目等。

5. 2013 年以前金融机构金融教育开展情况

各金融机构也开展了各类丰富多彩的教育活动。中国工商银行于2012 年 3 月率先正式成立消费者权益保护办公室，成为行业内第一家设立消费者权益保护专职机构的商业银行。该办公室立足银行与消费者权益的平衡，审查产品协议和制度，对消费者开展金融产品和服务、权益保障机制等方面的宣传教育。到目前为止已全面开展"普及金融知识万里行"活动，编写"金融消费者资讯手册"。

中国建设银行于 2013 年 3 月在产品创新与管理部中设立了消费者权益保护处，负责全行消费者权益保护工作的综合管理和对外协调，推动全行消费者权益保护工作开展；负责对消费者进行金融教育和普及金融知识。

中国银河证券自成立以来，一直围绕"积极回报投资者""理性投资、长期投资"等主题，通过撰写专栏文章、协助制作《来福学投资》等投资者教育公益动画片、投放公益广告和宣传片、开展主题活动、走进上市公司、开办股民学校、设立公司官方网站和微博等多种形式，将传统传播途径与创新宣传平台有效结合，形成辐射面广、影响力大的宣传声势，开展形式多样、内容丰富的投资者教育活动。

中国人寿保险股份有限公司组织由客户服务中心、监察部、优秀销售人员等参与的服务团队，深入小区，与小区居民进行面对面交流。宣传公司诚信文化理念，免费向广大客户提供《保险法》《投保指南》及诚信宣传彩页等宣传资料，为客户提供多方面的金融教育材料。

6. 其他相关主体金融教育开展情况

中国银行业协会、中国证券业协会、中国保险行业协会等行业自律组织通过制定金融消费者教育工作指引，指导会员单位制定具体的工作计划，督促会员有效开展金融消费者教育工作。

中国金融教育发展基金会已经逐步开展农村金融教育和尝试开展社会公众金融基础知识教育，继续推动金融教育发展和科研创新。

（二）国民金融能力发展整合期（2013—2017 年）

1. 制定《中国金融教育国家战略》

为了指导、推进金融教育工作有序开展，加强各政府部门间的协调配合，中国人民银行牵头，于 2013 年编制了《中国金融教育国家战略》

（以下简称《国家战略》），建立战略框架，明确金融教育总体目标，制定出台金融教育领域的相关政策措施，努力协调、推动所有利益相关者金融教育活动的开展，建立和完善金融教育的组织体系、内容体系、实施体系、保障体系和评估体系。

《国家战略》目标是形成惠及全民的金融教育体系，提供形式多样、内容丰富的金融教育资源，满足人民群众日益增长的金融教育需求，提升全民的金融风险意识和自我保护能力，引导金融消费者在金融交易中作出理智决定和明智选择，营造金融机构与金融消费者和谐发展的良好金融环境。《国家战略》不仅关注于普及金融基础知识，更希望通过金融教育，使金融消费者更好地理解金融产品和服务，准确评估金融风险，有能力作出理智的判断，进行理性投资和消费。

《国家战略》明确了主要利益相关者在国家战略发展和实施中的作用和责任。一是原"一行三会"分别从各自业务领域出发，设计金融教育规划，明确金融教育目标和优先考虑事项，组织开展金融知识普及宣传教育，进行金融教育效果评估，并协调开展跨市场、跨行业的金融消费者教育活动。二是行业自律组织负责明确各自会员单位在金融消费者教育方面的义务；制定金融消费者教育工作指引，指导会员单位制定具体的工作计划，督促会员单位有效开展金融消费者教育工作。三是金融机构负责制定具体的金融消费者教育工作计划，积极参加政府部门、行业协会组织的各项金融消费者教育活动，结合自身业务特点，自主策划、开发、组织实施金融消费者教育活动。四是社区居民委员会、村委会等政府基层组织负责与政府部门、金融机构、高校等部门联系，组织相关人员定期到社区、农村进行金融知识普及教育，使金融教育工作服务上门。五是民间公益性组织要充分发挥好公益性民间组织独立第三方的作用，继续推动金融教育发展和科研创新。六是教育部可考虑研究将金融教育纳入国民教育体系，推动把金融知识教育纳入各阶段的教学课程中。财政部可研究制定各部门金融教育经费开支标准、定额，根据金融教育实际开展情况逐步加大对各部门金融教育专项资金的投入。

制定金融教育有效性评估标准，设计包含知识指标、技能和态度指标、行为变化指标、教育有效性指标等在内的多层次指标体系，定期组织评估、比较。通过对金融教育项目的有效性进行评估，选择出最为合适的传导机制和政策措施，以最大限度地节约资源，并使金融教育达到最佳效果。从金融教育项目设定的现实需要、项目成本、微观效应、宏观效应等方面考虑，综合使用定性分析和定量分析方法，科学设定评价指标，建立一个标准化的金融教育有效性评估体系，对各项金融教育项目的成果定期进行评价，便于不同金融教育项目有效性的横向比较，以及不同年度金融教育有效性的纵向比较，不断提高金融教育的有效性。

2. 国务院办公厅发布《关于加强金融消费者权益保护工作的指导意见》

2015 年 11 月 13 日，国务院办公厅发布了《关于加强金融消费者权益保护工作的指导意见》（国办发〔2015〕81 号）（以下简称《指导意见》）。《指导意见》以党的十八大和十八届三中、四中、五中全会精神为指导，认真落实党中央、国务院决策部署，坚持市场化和法治化原则，坚持审慎监管与行为监管相结合，建立健全金融消费者权益保护监管机制和保障机制，规范金融机构行为，培育公平竞争和诚信的市场环境，切实保护金融消费者合法权益，防范和化解金融风险，促进金融业持续健康发展。

按照《指导意见》的要求，中国人民银行、原银监会、证监会、原保监会要按照职责分工，密切配合，切实做好金融消费者权益保护工作。金融管理部门和地方人民政府要加强合作，探索建立中央和地方人民政府金融消费者权益保护协调机制。银行业机构、证券业机构、保险业机构以及其他从事金融或与金融相关业务的机构应当遵循平等自愿、诚实守信等原则，充分尊重并自觉保障金融消费者的财产安全权、知情权、自主选择权、公平交易权、依法求偿权、受教育权、受尊重权、信息安全权等基本权利，依法、合规开展经营活动。金融领域相关社会组织应当发挥自身优势，积极参与金融消费者权益保护工作，协助金融消费者依法维权，推动金融知识普及，在金融消费者权益保护中发挥重要作用。

作为金融消费权益保护的重要环节，《指导意见》对金融教育高度重视，其中两处专门布置了有关金融教育的要求，一是提出保障金融消费者受教育权。要求金融机构应当进一步强化金融教育，积极组织或参与金融知识普及活动，开展广泛、持续的日常性金融教育，帮助金融消费者提高对金融产品和服务的认知能力及自我保护能力，提升金融消费者金融素养和诚实守信意识。二是提出建立金融知识普及长效机制。要求金融管理部门、金融机构、相关社会组织要加强研究，综合运用多种方式，推动金融消费者宣传教育工作深入开展。教育部要将金融知识普及教育纳入国民教育体系，切实提高国民金融素养。

（三）国民金融能力发展成熟期（2017 年至今）

2017 年，党的十九大胜利召开，确定了习近平新时代中国特色社会主义思想为我党必须长期坚持的指导思想，阐明了大政方针，制定了战略部署，是我们党在新时代开启新征程、续写新篇章的政治宣言和行动纲领。中国特色社会主义进入了新时代，我国社会主要矛盾已经转化为人民日益增长的美好生活需要和不平衡不充分的发展之间的矛盾。这种"不平衡不充分"体现在金融消费权益保护领域则是指国民金融能力的不平衡与不充分。只有不断开展针对性的金融教育，提高金融消费者的金融知识水平、行为、态度、技能以及增加金融信息、金融机会获取能力等新范畴的金融能力，才能逐渐弥补"不充分"、逐渐改变"不平衡"，才能更好地满足人民日益增长的美好生活需要。

新时代金融教育工作的初心是提升群众的金融素养、金融风险意识和自我保护能力。统筹推进金融教育工作，是新时代金融教育工作者必须担当的使命。2017年以来，各相关部门贯彻落实习近平总书记指示精神，针对金融教育工作有效性不足的难题，牢牢把握"以人民为中心"这个着力点，深入开展调研，查摆问题短板，围绕金融教育的初心和使命统筹推进金融教育各项工作，在金融消费者教育领域积极进取，谋篇布局，国民金融能力发展进入了成熟期。社会公众的风险责任意识不断增强，金融素养水平不断提升，社会公众、尤其是更多的弱势群体掌握了基本的金融知识和金融技能，改革发展成果更多更公平地惠及全体人民，朝着实现全体人民共同富裕不断迈进。

二、中国金融知识普及教育的探索与实践

在中国，社会各界高度关注金融教育，金融管理部门、教育部门、金融机构及有关行业组织进行了有益探索与实践。下面，以中国人民银行为例，列举自中国人民银行金融消费权益保护局成立以来组织开展的各项金融教育活动。

（一）集中性的金融知识普及活动

中国人民银行每年推出三场集中性金融知识普及活动。从2013

年开始，每年 9 月在全国范围内组织开展"金融知识普及月"活动。2019 年，中国人民银行联合银保监会、证监会、国家网信办于 9 月开展"金融知识普及月 金融知识进万家 争做理性投资者 争做金融好网民"活动。2019 年这项金融联合宣传教育活动在总结各单位历年来协同开展金融知识普及活动经验的基础上，更加注重统筹协调，更加注重上下联动、更加注重发挥合力，首次实现金融管理部门全覆盖、宣传教育内容全覆盖、线上线下宣传渠道全覆盖，合力推进各项工作。在各主办单位的协同配合下，全部省份实现联合发文，有力地推动了金融知识覆盖各地区、各层面、各群体，真正体现了金融联合宣传教育活动的统筹谋划、统筹部署、统筹推进。

从 2014 年开始，每年 3 月在全国范围内组织开展以"权利·责任·风险"为主题的"金融消费者权益日"活动。活动期间，各机构紧紧围绕提升金融消费者风险管理能力和享有八项法定权利等重点热点，从信息披露、案例分析、风险提示等多方面入手，分析金融消费者面临的风险点，并通过各种生动活泼的形式将金融风险提示到各类消费者，让金融消费者真正了解拥有的各项法定权利、防范金融风险的意识和技能，对提升金融消费者的风险意识、自我保护意识和责任承担意识发挥了积极作用。

从 2017 年开始，每年 6 月在全国范围内组织开展"普及金融知识，守住钱袋子"活动。活动落实习近平总书记关于脱贫攻坚、实施乡村振兴战略和"完善金融服务、防范金融风险"的重要讲话精神，聚焦重点人群（农民、务工人员、青少年、老年人和残疾人等）对于金融知识的实际需求和薄弱环节，进一步扩大了金融知识在农村地区覆盖面，进一步增强了金融机构依法合规经营意识，进一步提升了金融消费者尤其是重点人群风险意识和责任意识。

持续开展的"3·15金融消费者权益日""普及金融知识，守住钱袋子""金融知识普及月"等集中性金融知识普及活动，重点普及了金融消费者日常生活中必需的金融基础知识、防范风险的技能和诸如违法法规广告的识别与防范、支付服务领域的安全等社会热点知识。提升公众的金融知识和风险责任意识，引导其合理选择金融产品和服务，抑制盲目投资冲动。同时，在活动开展中，要按照"抓重点、补短板、强弱项"的指导思想，明确金融知识普及的重点区域和群体，重视低净值人群，针对在校学生、边远地区贫穷人群、劳务流动人口、妇女、残疾人等金融服务中的弱势群体制定相关倾斜政策，开展有针对性的金融知识普及专项活动，帮助其提高对金融产品和服务的认知能力及自我保护能力，实现国民金融素养的全面提高。活动在满足金融消费者金融知识需求的同时，有针对性地提升了其责任意识和风险防范意识。活动以线上宣传为主，以生动活泼的微信长图、视频短片、微电影、动画、漫画等多种形式增强了宣传的趣味性，借助全媒体资源广泛开展宣传，打破了传统现场活动的传播局限性，提高了金融教育的覆盖性、公平性和可得性，公众学习金融知识的热度进一步强化，营造了轻松愉悦的金融知识宣传氛围。通过开展活动，使金融机构进一步认识到自己的社会责任，深化金融为民的理念，优化了金融生态环境，营造了安全放心的金融消费环境。

（二）扎实开展消费者金融素养问卷调查工作

为准确把握消费者金融素养，动态掌握国民金融知识水平，中国人民银行在2013年和2015年两次抽样性试点调查的基础上，于2016年1月11日下发《关于建立消费者金融素养问卷调查制度（试行）的通知》，正式建立了消费者金融素养问卷调查制度，并从2017年开始每两年开展一次调查，具体内容见第四章中国金融素养调查实践——2015 年、2017 年和 2019 年。

（三）深入推进金融知识纳入国民教育体系

青年兴则国家兴，青年强则国家强。将金融知识纳入国民教育体系，全面提升青少年的金融素养水平是一项有利于现代金融体系构建的基础性工程。现代金融社会的构建离不开培养掌握金融知识和技能、具备良好金融行为和态度的未来公民。

近年来，中国人民银行系统内开展的推进金融知识纳入国民教育体系工作在多个省份取得新进展。据不完全统计，截至 2019 年 10 月底，在省级层面，有 10 家中国人民银行分支机构与当地教育厅等联合发文，构建金融知识纳入国民教育的合作机制；在地市级层面，有 143 家中国人民银行分支机构与当地教育局等部门建立相应机制；在县级层面，有 252 家中国人民银行分支机构联合当地有关部门建立金融知识纳入国民教育体系协作机制。

在山西省，中国人民银行太原中心支行坚持"分类指导、试点先行、统筹推进、注重实效"的原则，积极开展金融知识纳入国民教育体系工作，取得明显成效。在 2018 年，实现了"金融与诚信"知识山西省全省覆盖，2019 年 9 月，联合山西省地方金融监督管理局、山西省教育厅、山西银保监局、山西证监局召开了山西省深化"金融与诚信"主题教育活动推进会，并共同签署了《关于构建山西省金融知识普及教育长效机制合作备忘录》，约定五方将科学整合资源，共商共建、同向发力，扎实推动金融知识纳入国民教育体系工作。截至目前，"金融与诚信"知识累计已走进山西省约 64.7 万名小学生的德育课堂。在相关部门的大力推动下，全省已构建起从省政府及有关部门、到地市政府及有关部门、再到县级政府及有关部门的多层次、全方位的金融知识普及教育政策保障体系，探索形成了以开展"金融与诚信"知识主题教育活动为载体，以嵌入德育课程与多学科渗透相结合的方式推动金融知识纳入国民教育体系的"山西模式"。

在福建省，中国人民银行福州中心支行持续深化金融教育工作，加大牵头组织和协调力度，紧密加强与教育部门的联动，积极构建多部门合作，省、市、县三级联动的常态化金融教育机制，逐步形成了以小学高年级学生为重点，覆盖初等、中等、高等直至成人的金融教育体系。截至 2019 年末，全省共有 35 家中国人民银行分支机构与教育部门联合发文推进金融教育工作。开展金融教育工作的各类学校达593 所，授课 4347 课时，受教育学生累计约 32.36 万人次。

在海南省，中国人民银行海口中心支行按照"统筹协调、银校共建、特色创新、保障师资、有效评估"的工作思路，在全省范围内开展金融知识纳入国民教育体系工作。截至 2019 年底，海南省金融知识已经走进全省 168 所大中小学生的课堂，覆盖学生近 2.5 万人，实现各市县均有开课学校、各教育阶段均有开课班级，初步形成了小学、初中、高中、大学各教育阶段全覆盖的金融教育体系，"金融教育进课程、进课堂"取得了显著成效。

（四）数字化开展金融教育

随着数字时代的到来，数字技术在金融系统得到了广泛的应用，从提供金融产品和服务的主体，到金融产品和服务本身，再到金融产品和服务的投放渠道，都发生了巨大的变化，金融消费者需要更了解传统的金融业务（如存贷款和信用卡），还要了解新兴金融业务，包括互联网支付、移动支付、网上银行、金融服务外包及网上贷款、网上保险、网上基金等。数字化丰富了金融教育的内容，也对金融教育的模式产生了重要影响。

数字技术为金融教育提供了数字传播平台。传统的金融教育活动主要依靠现场传播，如现场发放传单和手册、现场讲解和现场小品表演等，而数字平台打破了这种物理局限性，与现场的金融知识传播方式相比，具有低成本、长期持续、传播范围广、传播速度快的特征和优势。同时，金融知识可以通过数字载体体现，如网络小游戏、短视频等，提高金融教育的趣味性。

目前，较为常用的数字金融教育模式有三种，即新媒体渠道（微博、微信、抖音等）、娱乐性教育（戏剧、游戏）、互联网站和手机 APP。

一是利用新媒体渠道（微信、微博等）。在"3·15 金融消费者权益日""普及金融知识，守住钱袋子""金融知识普及月"等集中性金融知识普及活动期间，组织中国人民银行分支机构和金融机构制作了形式活泼、内容丰富的宣传普及材料，通过中国人民银行官方微信公众号和"成方三十二"专栏推送优秀宣传作品。

二是探索娱乐性教育（游戏、戏剧等）。娱乐性教育在教育内容中掺入娱乐元素，可以使金融消费者的金融学习更愉快，激发和维持金融消费者金融学习的兴趣。世界银行研究表明，电视剧等非传统信息传播渠道可以显著改变参与者的知识结构和行为习惯，观众与电视剧情节或故事的情感纽带对金融消费者行为认知变化具有关键影响。从一般经验看，目前金融消费者主要的娱乐方式包括电视、社交平台和游戏等。2019 年"金融知识普及月"期间，中国人民银行联合腾讯财付通开发和发布了全国首个金融小游——"保卫钱袋子"。"保卫钱袋子"设计为塔防类游戏，并在攻击加速和获取游戏金币上加入金融知识问答的内容。中国人民银行和腾讯首次将金融知识与小游戏程序相结合，正式发布一天半内吸引 1.6 万玩家参与游戏，人均访问时间 27 分钟。截至 2019 年 11 月底，累计访问次数 88 万余次，分享次数 34 万余次，游戏用户数近 7 万，近期日均访问次数 1500 余次。

三是开发互联网站和 APP。中国人民银行金融消费权益保护局探索开发金融教育 APP，建立金融教育网站，在已经建成的 12363.org 消费者保护网站的基础上，研究金融教育网站运行方案，进一步发挥其在金融教育线上宣传、信息交流共享阵地的作用，择时择机稳步推出网站上线。建立金融教育资源数据库，搜集金融知识库、金融教育工具、游戏和相关信息等，开发和受众群体相匹配的金融教育内容，为金融消费者、金融教育工作者提供免费或低成本的金融教育资源。

（五）金融教育基地的建设

金融教育示范基地是指面向社会公众或特定受教育对象开放，由特定主体在自愿申报、节约务实的基础上建设运行，具有金融知识普及、提升消费者金融素养、增强消费者责任意识和风险防范能力等功能的公益性场所，是开展金融教育的重要阵地。

中国人民银行各分支机构本着"金融为民"的理念，构建金融知识普及长效机制，进行常态化的金融教育，积极开展金融教育示范基地建设试点工作。其中，中国人民银行海口中心支行从 2018 年开始组织辖内银行业金融机构开展海南省金融知识普及教育示范基地建设申报命名工作。2019 年 3 月，正式认定海口农商银行金融教育基地为"海南省金融知识普及教育示范基地"。截至 2019 年底，海南省共建成海口农商银行、三亚农商银行、琼中联社、海南省外国语学校和三沙金融教育基地 5 个省级金融知识普及教育基地并投入使用，5 家基地累计开展集中性金融知识普及教育 55 次，覆盖 22057 人次。中国人民银行长沙中心支行从 2015 年开始在全省范围内积极打造百个金融知识普及体验基地。2018 年 8 月，制定并印发了《金融知识纳入湖南省国民教育体系"三个一百"工程实施方案》，对金融知识普及体验基地的实施目标、认定条件和动态管理等方面进行了全面规范和明确。中国人民银行宁波市中心支行与宁波市教育局、宁波市金融办、宁波银保监局和宁波证监局联合下发了《关于进一步明确国民金融素质教育提升工程有关要求的通知》，明确将充分发挥学生社会实践基地、研学实践教育营地、校园文化活动以及数字化教育平台的作用。目前，已完成对全辖各区县（市）主要的 8 个学生社会实践基地的对接，并授予其金融知识教育基地的称号。

第二节　中国国民金融能力发展与国际经验的对比

中国国民金融能力发展过程既坚持中国特色，又积极借鉴国际良好经验，体现了国际经验与中国实践的有机结合。

一、金融能力国家战略制定方面

全球有 60 个国家正在制定或实施金融能力国家战略。2013 年 5 月，中国人民银行会同银监会、证监会、保监会共同研究制定了《中国金融教育国家战略》，明确了我国金融教育的治理机制、工作目标及实施措施，并被 OECD《推进国家金融教育战略》收录。《中国金融教育国家战略》建立了战略框架，明确了金融教育总体目标，制定出台金融教育领域的相关政策措施，努力协调、推动所有利益相关者金融教育活动的开展，建立和完善金融教育的组织体系、内容体系、实施体系、保障体系和评估体系。2018 年以来，中国人民银行已经连续三年会同中国银保监会、中国证监会、国家网信办开展集中性的金融知识普及教育活动。2019 年 1 月发布的《中国人民银行职能配置、内设机构和人员编制规定》，明确赋予了中国人民银行"综合研究金融消费者保护重大问题，拟定发展规划和业务标准，建立健全金融消费者保护基本制度；牵头建立金融消费者保护协调机制、统筹开展金融消费者教育、牵头构建监管执法合作和非诉第三方解决机制"等重要职责，随着金融业的改革发展以及全社会金融素养的提升，社会各界对金融能力的重要性有了更为深刻的认识，这些都为《中国金融教育国家战略》的实施提供了有利条件。

二、金融能力项目实施方面

国际上金融能力国家战略通常开展的金融能力项目包括校园金融教育、向青少年推广金融能力项目、大型工作单位的金融教育、通过中介组织传递金融能力项目、金融能力项目或信息整合到现金转移项目、通过社交网络进行金融教育、金融教育网站、通过传统媒体和新媒体开展金融教育等。我国的金融教育国家战略也在集中性金融知识普及活动、消费者金融素养问卷调查、金融知识纳入国民教育体系、数字化金融教育、金融教育示范基地建设等方面取得了初步成效。

以金融知识纳入国民教育体系为例，中国人民银行等部门积极推动国务院办公厅于 2015 年 11 月发布了《关于加强金融消费者权益保护工作的指导意见》，明确提出"要将金融知识普及教育纳入国民教育体系，切实提高国民金融素养"。根据党中央、国务院决策部署，中国人民银行自 2016 年开始在山西、福建、广东等省开展金融知识纳入国民教育体系试点工作，取得了积极的成效。在总结试点经验的基础上，2018 年 8 月、2019 年 12 月，中国人民银行金融消费权益保护局分别组织编写了金融知识进课程小学、初中系列读本《金融诚信伴我行》，并由中国金融出版社正式出版发行，这为在全国范围内推进金融知识纳入国民教育体系提供了重要保障。同时，中国人民银行将"各地区健全金融消费者权益保护机制、建立金融知识普及长效机制"作为定性评价标准纳入《对真抓实干成效明显地方激励措施的实施办法》激励考核范围，激励引导各地健全金融消费者权益保护机制、建立金融知识普及长效机制，推进金融知识纳入国民教育体系。特别是 2019 年以来，中国人民银行以教育部正式启动新一轮义务教育课程修订为契机，加大与教育部的沟通协调并取得了重要共识，提出了义务教育阶段金融教育的知识要点，推动在科学论证的基础上，在课程教材中有机融入金融知识。目前，推进金融知识纳入国民教育体系工作已在全国范围内全面展开，形成了国家层面统筹指导，省级层面构建机制，市县层面具体实践，大学、中学、小学全面推进的工作格局。

三、数字技术应用方面

（一）美国建立公众学习平台

在制定和实施美国金融教育战略时，美国政府意识到为公众提供方便的教育资源是金融教育战略成功的关键。为此，美国金融素养和教育委员会首先设立了 mymoney.gov 政府官方网站，正式启动了建立公众学习平台项目。基于这个平台，美国联邦政府可以迅速而广泛地传播金融教育理念，让美国大众知晓金融教育与个人和家庭的关系，并使他们通过网络平台系统地了解金融常识、获取金融信息、学习如何使用金融工具。

（二）英国多渠道、多方式传播金融知识

除了正规的学校教育之外，英国还通过多种渠道广泛传播金融知识，比如"工作场所金融知识传授"，由英国金融能力指导委员会选派专家亲临雇员工作场所，免费进行金融知识讲授；再比如两种在线工具"金融体检"和"债务测试"，"金融体检"于 2005 年 5 月推出，用以帮助消费者了解自己的金融需求，管理自己的财务，合理进行理财规划；"债务测试"始于 2006 年 1 月，主要是帮助消费者判断自己未来一年内的债务状况，此外还有公益性的"金融事务咨询"工程。

（三）中国积极运用数字技术手段开展金融知识普及教育

金融教育与数字技术的结合，使金融教育的形式更加多样化，推动线上线下、传统媒体与新媒体有机融合，提升金融知识普及教育的精准性和直达性。数字技术手段主要包括利用微信、微博、客户端等新媒体渠道，探索游戏、戏剧等娱乐性教育，开发互联网站和 APP，制作《金融诚信伴我行》小学版和初中版的线上课程，推广视频微课堂等。2019 年"金融知识普及月"期间，中国人民银行联合腾讯财付通开发和发布了全国首个金融小游戏——"保卫钱袋子"。"保卫钱袋子"设计为塔防类游戏，并在攻击加速和获取游戏金币上加入金融知识问答的内容，取得了非常好的效果。

在视频微课堂推广方面。以山西省为例，一是推广小学阶段《金融诚信伴我行》视频微课堂。围绕读本的主要内容，针对 22 项小学

生应知应会金融知识点，与教育部门联合制作了 5 期视频微课堂，每期 5 分钟，以 MP4、RM 等媒体格式，运用动画、PPT、EV 录屏、配乐等方式，图文并茂地展现学习内容，并协调教育部门将微课堂上传至基础教育资源公共服务平台，公开发布教学资源。同时，组织金融机构通过微信公众号刊载、向"金融与诚信"活动对接学校推送、营业网点电子屏循环播放等方式进行广泛传播。二是中国人民银行临汾市中心支行联合临汾市教育局印发了《关于在全市义务教育阶段深入开展"金融与诚信"知识进校园活动的通知》，依托《金融诚信伴我行（初中版）》读本，制作了一套八集，每集 4~8 分钟的线上动画课程，并将全套线上课程发布于地方"融媒体"平台，联合教育部门将线上课程上传至基础教育资源公共服务平台及官方公众号，方便广大学生和社会公众观看。截至目前，临汾全市 17 个县（市、区）的 236 家中学通过公众号、微信群、钉钉群推送，以及线下多媒体课堂教学等方式，组织 13.7 万名初中生认真学习线上课程。其中，778 个班级还召开了主题班会，以"金融与诚信大家谈""金融知识大比拼""金融知识情景剧"等方式交流学习内容，加深学习效果。

第三节　中国国民金融能力发展中存在的主要问题和原因分析

金融教育是一项打根基、利长远的基础性工作，更是一项长期性、系统性工程，有助于从根本上提升金融行业的发展水平。但当前中国国民金融能力发展中还存在着一些问题和不足，需要我们深刻分析其原因，并针对性加以解决。

一、中国国民金融能力发展中存在的主要问题和不足

（一）国民金融能力发展机制有待进一步完善

1. 顶层设计仍需进一步加强实施

国民金融能力发展虽然已经有《中国金融教育国家战略》和《关于加强金融消费者权益保护工作的指导意见》等顶层设计方案，但是《中国金融教育国家战略》由于没有以法律法规等形式进行发布，以及缺乏明确的牵头部门和协作部门，并未进入落地实施阶段。《关于加强金融消费者权益保护工作的指导意见》也只是提出金融教育的重要性，未就国民金融能力发展工作的目标任务、路线规划、责任分工和后勤保障等方面进行具体安排，在实际过程中缺乏有效的执行力。

2. 统筹金融教育资源的合力不够

目前，中国人民银行、中国银保监会、中国证监会的消费者保护部门已建立了金融消费权益保护协调机制框架下统筹开展金融教育的工作机制，金融系统在金融管理部门的指导下，积极组织开展金融教育工作。但尚未建立由教育部门、财政部门、金融管理部门、金融机构、消费者等共同参与的金融教育组织体系。金融教育离不开教育部门对于金融知识纳入国民教育体系的支持，离不开财政部门对于教育经费保障的支持等，未建立由协调部门、参与部门及推动部门共同构成的金融消费者教育组织体系，金融教育的统筹规划和协调推动不够。建议加强各相关主体的协调配合，建立多部门协同开展金融消费者教

育工作的治理机制，进一步整合资源，统一规划，整体推进，推动金融教育工作持续、有序开展。

3. 制度和实践带有行政管制色彩

金融管理部门承担了大部分金融教育工作的组织和统筹，但是金融管理部门注重国民金融能力发展的整体性和一般性，缺乏对消费者个体性的考虑，不利于金融消费者对金融知识的理解和吸收，同时金融管理部门内部资源有限，较少接触具体金融业务，可能对提升国民金融能力的具体效果产生影响。随着数字经济时代的到来，尤其是金融科技的发展，金融服务的数字化以及金融科技的发展改变了金融服务和渠道的特征，增强了金融服务使用的个体差异。因此，为了与这种个体差异相适应，应当及时更新对应的金融教育制度。

（二）国民金融能力发展的实操效果有待进一步提升

1. 国民金融能力发展理念过于形式化

随着金融科技的纵深发展，仅通过大面积地扩散金融知识无法适应新时代对金融消费者金融能力的要求。目前的金融教育工作理念存在一定程度的形式化，即在形式上向金融消费者普及金融知识，但是缺少对金融消费者实际是否吸收相关金融知识、提高金融诈骗风险防范能力的关注。现阶段的金融教育在理念上的方针仍主要为"金融知识普及"，本身无法衡量金融消费者"接收"金融知识的实际效果，难以达到切实维护金融消费者利益的目的。

2. 国民金融能力发展的长效性还需加强

当前，金融知识普及和教育往往多是在"宣传周""宣传月"集中开展，金融知识纳入国民教育体系、金融教育示范基地建设、金融教育"云平台"等长期性、连贯性的定期线上＋线下教育还在探索实践过程中，金融知识普及和教育长效机制仍需加强，应充分利用官网、广播、电视等开展广泛、持续的日常性金融知识普及和教育工作，在条件成熟的基础上，大力开展金融教育阵地化建设。

3. 国民金融能力发展有效性有待提高

金融教育发展前期阶段主要是通过现场讲解和发放宣传单的方式向金融消费者普及金融知识。现阶段，金融教育的方式逐渐多元化，包括但不限于集中性的金融知识普及、金融知识竞赛、趣味游戏、通过社交平台普及金融知识等。虽然金融教育的方式由单一走向多元化，但是目前已有的金融教育宣传形式并未将能力培养与具体的金融业务相结合，如在投诉案件处理过程中培养金融消费者的金融能力，也没有提供模拟的金融应用场景让消费者进行模拟体验，如让金融消费者体验模拟的电信诈骗过程，同时，并没有完全掌握不同类型的消费者金融知识水平的短板和需求，进行分类教育和精准对接，致使部分受教育群体仍然存在"看热闹""不走心"等倾向。

4. 国民金融能力发展的均衡性不足

作为发展中国家，我国目前不同地区、不同金融消费者群体金融知识水平差距较大，基点不同以及金融教育资源的不平均导致金融教育工作存在发展不均衡的问题。尤其是欠发达地区和边远地区以及农民、在校学生、劳务流动人口、妇女、残疾人等弱势群体，获取金融知识普及和教育的机会相对较少，学习能力也有待加强，这些因素都导致需要金融教育的倾斜政策。

5. 国民金融能力发展反馈机制与效果评估机制存在不足

国民金融能力发展项目是否有效，需要通过评估来确定，利用评估结果来改进。但目前，尚未建立一套科学全面的金融教育效果评估机制，仅有一些中国人民银行分支机构对学校金融教育项目的有效性做了评估，也是处于探索阶段。更多的评估还是往往只注重一些表面的数据资料，而对公众的接受程度以及受教育后金融行为的改变情况等，还缺乏全面有效的调查研究。

（三）金融教育与金融消费权益保护监管之间的协调联动有待进一步加强

金融教育和金融消费权益保护监管长期被看作金融消费权益保护两个分离的方面。金融教育主要指金融机构在监管机构的指导下，提高金融消费者金融能力的过程；金融消费权益保护监管指监管机构根据法律法规的授权，对被监管对象，即金融机构，实施监督检查的行为，是公权力的体现。金融教育和金融消费权益保护监管看似是两项不同的职能且无直接的联系，但是存在可以同时促进金融教育和金融消费权益保护监管的项目和活动，例如，设定一定的激励制度，鼓励社会公众对非法金融活动的检举和揭发。然而，目前对金融消费者主动揭发和检举非法金融活动或金融机构的不合规行为缺乏激励机制，无法建立起有效的主动报告制度。由于金融消费者接受金融知识普及教育不够，致使社会公众参与金融治理不够有效，同时，在快速发现金融诈骗和风险隐患的制度设计上也还存在不足，监管机构无法及时采取监管干预措施或者对现有监管措施进行补充完善。通过金融教育和相关激励机制提高金融消费者的主动报告水平，还有助于减少监管机构利用检查计划主动发现违法违规行为的成本，具有正向效益。该激励机制的具体设计要充分考虑因该主动报告行为所获得的收益或减少的损失，或节约的监管资源。

二、中国国民金融能力发展存在问题和不足的原因分析

中国国民金融能力发展顶层设计与机制保障还有不足、发展理念与实际操作效果还有差距、金融教育与金融消费权益保护监管协调联动还显不够，这些问题和不足使中国国民金融能力发展在一定程度上进入"平台期"，要打破瓶颈制约，破解推进难题，必须深入分析困难和问题背后的原因，并结合实际，采取切实可行的政策措施，从加强顶层设计与机制保障、优化发展理念和推进路径、密切金融教育与金融消费权益保护监管协调联动等方面加以改进和完善。

（一）对国民金融能力发展的重要性认识不够

中国特色社会主义进入新时代，我国社会主要矛盾已经转化为人民日益增长的美好社会需要与不平衡不充分发展之间的矛盾。服务实体经济、防控金融风险、深化金融改革都对国民金融能力发展提出了更高的要求，国民金融能力不足已经成为制约我国金融业长期持续健康发展的突出短板。各参与主体在从维护国家金融安全、保护金融消费者的长远和根本利益、满足人民群众日益增长的金融需求的高度看待和认识金融教育和国民金融能力发展问题方面做得还不够，有的认为金融教育和国民金融能力发展是个"软任务"、推进这项工作还不是很迫切，做得不到位也不会出什么大问题；有的认为金融教育和国民金融能力发展是"潜绩"而不是"显绩"，是个长期任务，短期很难见效，工作积极性不高，这些都是对国民金融能力的重要性认识还不够到位的具体表现。思想认识上的不到位就会导致工作实践出现偏差，就会出现顶层设计和机制保障不足等方面的问题。

（二）对金融教育和国民金融能力发展的规律性把握不够

"十年树木、百年树人。"金融教育和国民金融能力发展有自身的规律性，这就要求推进金融教育和国民金融能力发展既要立足当下，又要着眼长远，既要突出问题导向和目标引领，又要持续用力、久久为功。现有的推进国民金融能力发展的政策措施有的缺乏可持续性，有的没有关注群体差异，有的对受众对象的金融知识及普及方式的需求了解不够，有的形式重于实质，究其原因都是对金融教育和国民金融能力发展的规律性把握不够。

（三）对政策落实情况的评估考核不够

"一分部署，九分落实。"在推进国民金融能力发展过程中存在政策落实不到位、实际操作效果有差距、长效机制还没有完全建立等方面的问题，深入分析存在这些问题的原因，对政策落实情况的评估考核不够是一个重要原因。重部署、轻落实，特别是对金融教育内容适用性、受众群体接受程度、经济行为变化情况等方面的测评和研究不够，考核评估指标体系和评估方式方法的科学性、规范性，以及引入第三方评估方面还有不足，这就导致难以对政策措施落实情况进行全面了解和掌握，进而无法改进完善相关机制和措施。

（四）推进国民金融能力措施的精准性和差异化不够

金融教育与金融消费权益保护监管协调联动不够，实际操作效果不够明显的原因还有推进国民金融能力措施的精准性和差异化不够。开展金融教育、推进国民金融能力发展，既要精准对接，也要体现差异性、不搞"一刀切"。要顺应人民群众对金融产品和服务需求个性化、差异化日益增强的趋势，开展定制化、精准化的金融知识普及教育。要充分运用投诉举报处理、日常业务办理、政策咨询解答等各种方式开展精准性和差异化的金融知识普及教育，突出"可教时刻"和多种场景，进一步提升金融教育与金融消费权益保护监管协调联动。

（五）数字技术运用不够

金融科技的发展，极大地丰富了金融教育的内容和形式，目前，我国金融知识普及教育领域依然延续挂横幅、拉条幅、发宣传资料、面对面讲解、金融知识"六进"等传统金融知识普及教育方式，受众面窄、覆盖率低、宣传效果差，对网络、新媒体、手机 APP、人工智能、大数据等新兴科技手段的运用仍显不足，不能很好地满足消费者的金融知识需求。

第四章 / 国民金融能力发展的战略框架

　　国民金融能力发展的国家战略，明确了推进国民金融能力发展的总体目标、组织体系、内容体系、实施体系、保障体系、评估体系，是推进国民金融能力发展的顶层设计和重要的金融基础设施。编制国民金融能力发展的国家战略，首先要开展国民金融能力调查，广泛了解社会公众需要求，全面、准确掌握国民金融能力发展的真实情况，在此基础上，学习借鉴编制实施国家金融能力战略方面的国际经验，突出问题导向和目标导向，精准实施国民金融能力发展项目，有效提升国民金融能力。

　　在编制和实施国民金融能力发展的国家战略方面，还要聚焦现实问题和重点人群，在加强组织实施的同时做好战略评估，总结经验，发现问题和不足，持续改进和完善相关机制，为新一轮国家战略修订提供重要支撑，形成国民金融能力提升与金融业持续健康发展之间的良性循环。

第一节 国民金融能力调查

开展国民金融能力调查，是制定金融能力国家战略的前提。开展国民金融能力调查，可以较为客观、全面地掌握国民金融能力发展的现状、存在的薄弱环节和改进方向，以及国民获取金融知识的方式和渠道，为精准化、差异化开展金融知识普及教育提供第一手的数据资料，为制定和完善金融能力国家战略提供有力支持。

一、开展国民金融能力调查的意义

国民金融能力的发展是金融健康可持续发展的重要基础，而金融体系发展在助推经济增长和消除贫困方面具有关键性的作用，这一结论得到了各国实践的检验。长久以来，经济学家对金融发展与经济增长之间的关系有着无穷的兴趣，究竟是什么因素导致各国具有不同的增长率并获得不同的财富水平，金融在其中究竟又扮演了什么样的角色。大量的理论和实证方面的研究表明，从减少信息不对称和降低交易成本角度出发，金融发展可以通过五个方面促进经济增长，包括生产信息，降低信息搜寻成本，促进资源配置；监督企业，促进公司治理水平的提升；实现风险的转移、分散化和管理；高效率地调动和集中居民储蓄；促进产品和服务的交换。

金融发展的一个重要方面是普惠金融的发展。通过发展普惠金融，拓宽中小微企业和弱势群体获得金融服务的渠道，对于消除贫困具有重要作用，同时，对中小微企业和弱势群体的信贷项目需要能力建设和相关培训作支撑，金融帮扶才能变得更加有效。从这个意义上看，通过金融教育提升国民金融能力，提高金融的覆盖面和受益面，是促进金融发展的应有之义，对于金融发展水平到达一定程度或者经历过金融快速发展阶段的国家（地区）来说更是如此。

开展国民金融能力调查是金融能力发展的基础性工作。要确定国民金融能力的发展方向，除了对金融能力的概念、内涵有较为充分的界定和理解之外，还需要通过国民金融能力调查将其进一步明确和量化。因此，调查有助于准确把握消费者金融知识水平，也有助于了解金融消费者教育领域中存在的薄弱环节，评估金融消费者教育的有效性，为进一步做好金融知识普及提供依据。

开展国民金融能力调查一般依赖于问卷的设计和采用。首先，为了收集数据，从而能够初步确定金融能力的衡量标准。通过问卷测量国民金融能力的水平，为金融教育国家战略或特定金融教育项目提供决策依据。其次，通过刻画不同群体的金融能力水平以及对若干关键性解释变量的描述，能够使决策者精准确定公众的需求，找出金融能力最为薄弱的群体，分析金融教育提供方面存在的差距。最后，持续性的问卷调查有助于构建金融能力时间序列数据，衡量金融能力的变化情况。

二、中国金融素养调查实践——2015 年、2017 年和 2019 年

中国人民银行于 2013 年和 2015 年针对消费者金融素养情况进行了两次全国范围内的试点调查，收到了较好的效果，并于 2016 年

1月11日下发《关于建立消费者金融素养问卷调查制度（试行）的通知》，正式建立了消费者金融素养问卷调查制度。从2017年开始在全国31个省级行政单位（除港澳台地区）每两年全面开展一次消费者金融素养问卷调查。2019年为第二次全面开展消费者金融素养问卷调查，在每个省级行政单位随机抽取600名金融消费者进行问卷调查，全国共18600个样本。

调查涵盖了金融产品认知与选择、财务规划、储蓄与物价、银行卡管理、反假货币、贷款常识、信用管理、投资理财、保险知识、金融教育和消费者基本情况十一部分内容。从调查样本的分布看，此项调查在全国31个省级行政单位（除港澳台地区）全面开展，在各调查省份选择省会（首府）城市市区、地级市市区和县三个层面随机抽取600名金融消费者，在各直辖市选择具有经济发展水平差异性的区/县随机抽取600名金融消费者。全国共18600个样本。从调查的实施方案看，中国人民银行金融消费权益保护局组织中国人民银行有关分支机构统一实施。选择金融机构网点作为调查点，包括国有商业银行、股份制商业银行、地方法人银行、农村信用社、证券公司、人寿保险公司、财产保险公司等。从调查方式看，主要采取面谈的方式完成，部分地区在金融机构网点（包括部分支付机构）采用电子调查方式。

2019年的调查通过构建消费者金融素养指数得出全国消费者金融素养得分。结果显示，全国消费者金融素养指数平均分为64.77，中位数为67.96，标准差为17.01，消费者金融素养指数近似服从正态分布。与2017年相比，消费者金融素养整体上稍有提升。教育、收入、地域、年龄和职业五个因素与消费者金融素养得分显著相关，性别对金融素养得分的影响有限。

三、国民金融能力调查的内容

提高金融能力是一项长期工程，需要一段时间才能对公众产生显著影响。国民金融能力调查需要跟踪了解金融知识普及教育活动的实施效果，进而改建完善相关计划和机制，使教育资源配置在有效的项目上。金融能力调查通常包括人群特征、财务状况，以及提供关于金融知识、行为和观点的信息等方面内容。定期开展国民金融能力调查，有助于发现和纠正金融教育和国民金融能力发展中存在的问题，持续提升国民金融能力，进而助推实现金融能力国家战略。

（一）调查框架

翔实细致的调查框架可以对金融能力国家战略的整体有效性进行充分评估，包括对总体人群和主要目标人群影响的评估，以及对个人金融能力项目有效性的评估。调查框架需要追踪行动计划的目标、活动和实施效果，推动教育资源更好地配置在有效项目上。在国家层面，调查框架应当明确各参与主体的职责分工和具体安排，进而对实现金融能力国家战略和行动计划的活动和项目进行评估。调查框架要加强各参与主体的信息共享和协作配合，确保用于分析评估的数据真实性和权威性。要制定金融能力调查指标，指导各参与主体收集数据并对数据进行简单有效的比较分析。调查框架还应当确定每个金融能力项目的范围、规模和质量，并对干预措施的有效性进行评估。

（二）调查指标

金融能力调查的内容通常包括金融产品认知与选择、财务规划、储蓄与物价、银行卡管理、反假货币、贷款常识、信用管理、投资理财、保险知识、金融教育等方面的问题，涵盖金融消费者的金融知识、金融态度、金融行为、金融技能等维度。开展金融能力调查要根据调查内容设计调查问卷，确定调查指标，确认持有特殊态度和行为人群所占的比例，如世界银行金融能力和消费者保护调查追踪了成年人中能规划收入、储蓄或愿意不冲动消费的比例。[①]

（三）调查方案

要根据调查内容制定调查方案并认真组织实施。调查方案和金融教育项目在最终确定和出台之前，先在部分地区选择有代表性的目标群体进行测试，测试方式可以包括现场座谈和调查问卷，根据测试和调查情况对方案和项目进行修改完善。也可以先在部分试点地区实施，在总结试点经验的基础上在全国推广。同时，要建立金融能力调查的全国数据库并定期更新，数据库可以显示调查对象的目标群体、地理位置、涉及的金融能力专题以及评估结果，从而为评估金融能力国家战略的实施情况提供基础数据和信息支撑。

（四）审慎评估

要了解金融教育和金融能力项目的有效性，必须通过问卷调查、实地访谈等形式面向目标人群开展审慎评估，深入了解金融教育对目标人群产生的影响，通过审慎评估发现有效的金融教育项目和干预手段，为政府部门和研究人员作出决策和开展研究提供充分的信息和数据支持。同时，通过评估进一步改进完善工作机制和金融教育项目的组织实施，确保金融教育项目取得实效。

---

① 世界银行. 金融消费权益保护的良好经验（2017年版）[M]. 中国人民银行金融消费权益保护局，译，北京：中国金融出版社，2019：259.

（五）第三方评估

在评估组织方面，要坚持以自评估为基础，持续改进完善自评估工作。在自评估的基础上，由政府部门或者资金捐助方委托中立的社会组织开展第三方评估，进一步提升评估的科学性、规范性和权威性。第三方评估可以提高评估工作的可信度、专业性和独立性。在选择第三方评估者时，应考虑其对评估主题、调查内容和目标人群等项目要素的熟悉程度，还要考虑评估人员的技能和经验，确保评估工作能够顺利实施。

四、国民金融能力调查的操作

具备良好金融素养和金融能力的金融消费者是金融市场稳定的基石。为准确把握消费者金融知识水平及金融消费者教育领域中存在的薄弱环节，评估金融消费者教育的有效性，进一步做好金融知识普及工作，有必要开展国民金融能力调查。通过长期、定期开展国民金融能力调查，动态掌握消费者金融知识水平和需求，研究和分析金融消费者行为特点的变化。调查结果可以度量以往金融知识普及工作的有效性，是各相关机构做好金融知识普及和金融消费者教育工作的基础依据。

（一）建立调查制度

定期开展国民金融能力调查要建立相关的制度，对调查的目的、调查范围、调查对象、调查内容、调查问卷设计、调查方式、组织实施、数据录入、审核与汇总、调查时间、质量控制、资料反馈、调查费用等方面作出具体规定，确保调查工作长期、规范、有序开展。

（二）调查准备及具体实施

开展国民金融能力调查前，要根据调查制度，制定详细的调查方案并做好组织实施。调查方案要从调查的组织，调查问卷的设计、填写、发放、回收，调查对象的选取和分层要求等方面对调查工作的组织实施作出具体的安排，调查的实施单位和具体调查人员要严格按照调查制度和调查方案实施调查，确保调查结果真实、客观、准确。在调查过程中，要加强与调查对象的沟通，对调查对象进行耐心细致的讲解和指导，帮助调查对象顺利完成调查问卷，保证及时、完整回收问卷。要对调查数据进行核查，采取校验、复核、分析等多种方法确保调查数据的质量。此外，调查评估也可以引入第三方评估机构实施，确保调查评估结果更为客观真实。

（三）调查结果的分析运用

要加强对问卷调查结果的分析，根据调查结果及时改进完善相关工作机制。例如，2017 年中国人民银行消费者金融素养问卷调查结果显示，学校教育，特别是对青少年的学校教育对提升金融消费者金融素养具有显著的积极影响，中国人民银行据此加大推进金融知识纳入国民教育体系工作力度，通过加强与教育行政部门及学校的工作协调、编写《金融诚信伴我行》小学高年级版和初中版金融知识读本、加强金融知识普及教育经费投入等在全国范围内推进金融知识纳入国民教育体系，取得了显著的效果。

五、以影响消费者金融能力的主要因素为例进行分析

为进一步分析消费者年龄、性别、收入、受教育程度等因素对金

融素养的影响，基于消费者金融素养得分和问卷中被调查者基本情况数据构建了多元线性回归模型：

$$FL = \beta_0 + \beta_1 age_1 + \beta_2 age_2 + \beta_3 age_3 + \beta_4 age_4 + \beta_5 gender + \beta_6 education$$
$$+ \beta_7 income + \beta_8 profession_1 + \beta_9 profession_2 + \beta_{10} profession_3$$
$$+ \beta_{11} profession_4 + \beta_{12} profession_5 + \beta_{13} profession_6 + \beta_{14} profession_7$$
$$+ \beta_{15} region_1 + \beta_{16} region_2 + \beta_{17} region_3 + \beta_{18} region_4 + \varepsilon$$

式中，β_0 为截距变量，β_i（$i=1\cdots15$）表示待估计的回归系数，ε 为随机扰动项。FL 为因子分析所得的消费者金融素养指数，age、$gender$、$education$、$income$、$profession$ 和 $region$ 分别表示被调查者的年龄、性别、受教育程度、家庭月收入、职业状态和地域情况。

模型中所有的自变量均为定性变量。其中，受教育程度、收入和地域为有序变量，年龄、性别和职业为分类变量。有序变量可以表示等级的高低，根据受教育程度的高低、家庭收入的多寡以及地域的偏远程度分别赋值。如根据户口所在地分别赋值1、2、3、4，数值越大表示被调查者所处的地域越偏远。而分类变量仅表示变量的性质（如男、女，青年、青壮年、中年和老年），不能直接比较，因此采用哑变量赋值法。见表 4–1。

表4-1　　　　　　　　　　　　　　　自变量赋值

自变量		赋值
受教育程度	小学及以下	1
	初中	2
	高中/中专/技校	3
	大专	4
	大学本科	5
	研究生及以上	6

续表

自变量		赋值
家庭月收入	2000元以下	1
	2000~4999元	2
	5000~9999元	3
	10000~19999元	4
	2万~5万元	5
	5万元以上	6
户口所在地	本地城镇户口	1
	本地农村户口	2
	非本地城镇户口	3
	非本地农村户口	4
年龄	18~29周岁	$age_{i=1,2,3,4}=0$
	30~39周岁	$age_1=1$，$age_{i=2,3,4}=0$
	40~49周岁	$age_2=1$，$age_{i=1,3,4}=0$
	50~59周岁	$age_3=1$，$age_{i=1,2,4}=0$
	60周岁以上	$age_4=1$，$age_{i=1,2,3}=0$
性别	男	1
	女	0
职业状态	全日制学生	$pro_1=1$，其余自变量为0
	务农	$pro_2=1$，其余自变量为0
	全职工作	$pro_3=1$，其余自变量为0
职业状态	兼职工作	$pro_4=1$，其余自变量为0
	主动放弃工作	$pro_5=1$，其余自变量为0
	失业	$pro_6=1$，其余自变量为0
	退休	$pro_7=1$，其余自变量为0
	其他	$pro_{i=1\cdots7}=0$

运用最小二乘法（OLS）对前文计量模型进行参数估计，具体估计结果见表4-2。

表4-2　消费者金融素养影响因素OLS回归结果

模型	未标准化系数		标准化系数	t	显著性
	B	标准误差	Beta		
常量	−4.197	0.196		−21.439	0.000
性别	−0.073	0.053	−0.009	−1.362	0.173
受教育程度	0.484	0.027	0.162	17.612	0.000
收入	0.342	0.026	0.097	12.940	0.000
地域	−0.432	0.032	−0.096	−13.340	0.000
年龄1	1.142	0.150	0.127	7.622	0.000
年龄2	1.645	0.145	0.193	11.322	0.000
年龄3	1.911	0.144	0.210	13.293	0.000
年龄4	1.484	0.138	0.131	10.781	0.000
职业1	0.067	0.188	0.003	0.354	0.724
职业2	−0.473	0.118	−0.042	−4.018	0.000
职业3	1.184	0.102	0.149	11.605	0.000
职业4	0.138	0.146	0.008	0.946	0.344
职业5	0.123	0.300	0.003	0.408	0.683
职业6	−0.419	0.251	−0.012	−1.669	0.095
职业7	1.483	0.154	0.101	9.599	0.000

注：因变量：金融素养指数。

表4-2的回归结果显示，教育、收入、地域、年龄和职业五个因素与消费者金融素养得分显著相关，性别对金融素养得分的影响有限。

消费者的受教育程度是影响金融素养的重要因素。从表中可以看出教育与金融素养在95%的概率条件下显著相关，且系数为正，说明受教育程度越高，消费者金融素养水平越高。通常而言，教育水平高能够增强消费者对金融领域相关概念的理解能力，帮助消费者正确地使用金融产品和服务。为精准衡量受教育程度与金融素养得分之间的关系，可以将受教育程度转化为受教育年限变量，按上述方法回归后测算可知，金融消费者的受教育年限每提高10%，金融素养指数得分可以提高1.67%。小学生毕业后继续上初中直至毕业，则金融素养得分较之前提高83.5%，初中生升学至高中直至毕业则可以提升55.7%，是提升速度最快的两个时期。因此，应考虑在初等和中等教育阶段引入金融知识普及教育。

年龄显著地影响了消费者的金融素养水平，随着年龄的增长，消费者的金融素养水平快速提升，然后提升速度开始放缓，但依然保持正相关关系。其中40~49周岁是消费者金融素养水平提升最快的年龄阶段，表明消费者储蓄随着年龄的增长不断增加，有更充裕的资金投入金融市场，并在金融活动中不断积累相关知识和技能。

职业3和职业7（"全职工作"和"退休"）与金融素养指数显著正相关，职业2（"务农"）与金融素养显著负相关。全职工作者与社会接触频繁，且拥有稳定的收入来源，容易产生投资理财的需求，会主动关注和了解金融知识，进而提升了自身金融素养。"务农"群体受其知识面和工作地点的影响，更少接触各种金融产品和服务，这对金融素养的提升带来了负面影响。

收入与金融素养在95%的水平以上显著正相关，说明家庭收入是金融素养的重要影响因素。拥有较高收入使得金融消费者拥有更多可支配资产，有更多的机会参与各种金融活动，对金融风险的偏好更强，认识也更加深刻，不断积累金融技能，促进了金融素养水平的提高。

消费者所属地域与金融素养在99%的概率条件下显著相关。表中数据显示城镇居民金融素养要高于农村居民，本地人的金融素养要高于外来人口。与城镇相比，农村地区的金融机构网点分布少，证券、保险等金融产品匮乏，金融覆盖率较低。而且受限于文化、使用习惯和网络联通，新兴的互联网金融尚未在农村大范围普及。而在城镇的外来人口中，很大一部分是农村劳动力迁移形成的，或者从次发达城镇向大城市转移，因此外来人口金融素养水平要略低于本地人口。

性别对金融素养水平的作用不明显，这表明性别不是影响金融素养的重要因素。这可能得益于男女平等观念的广泛传播，以及对女性受教育权和就业权的有力保障。随着学历和就业率的提升，女性的收入、储蓄也在不断增加，并在家庭金融中发挥越来越重要的作用。同时也侧面说明了我国不存在对女性的金融排斥现象。

六、数字技术对消费者金融素养的影响分析

随着数字技术与各类金融产品和服务的不断融合，消费者的数字素养水平会直接关系到其是否能够充分享受普惠金融发展带来的益处，也会影响到金融素养水平的变化。一方面，消费者通过数字渠道能够更加容易地接触到金融产品，可以更加便捷地使用各项金融服务，在实践和试错中促进自身金融素养的提升；另一方面，消费者基础金融知识与数字技能的不足、信心的缺乏等会制约其进一步使用各项金融产品和服务。

首先，考虑消费者对数字技术的掌握与金融素养之间的关系。整体上看，拥有良好数字素养的消费者具备较高的金融素养水平。消费者金融素养调查问卷中的10.6题考察了消费者在遇到金融疑惑时采用何种方式来解决，其中第一选项是通过互联网，其余均是非互联网渠道。如果受访者能够主动利用互联网获取金融信息并解决自身困惑，说明该类消费者具备一定的数字素养。观察是否运用互联网解决问题与消费者金融素养之间的箱线图，可以直观地看出，能够通过互联网找答案的消费者的金融素养最低值、下四分位数、中值、上四分位数

均高于不会熟练使用数字技术的群体。两个群体的分布都较为均匀（中值到上下四分位数的距离大致相等），偏态方向一致（异常值均在极小值一侧）。

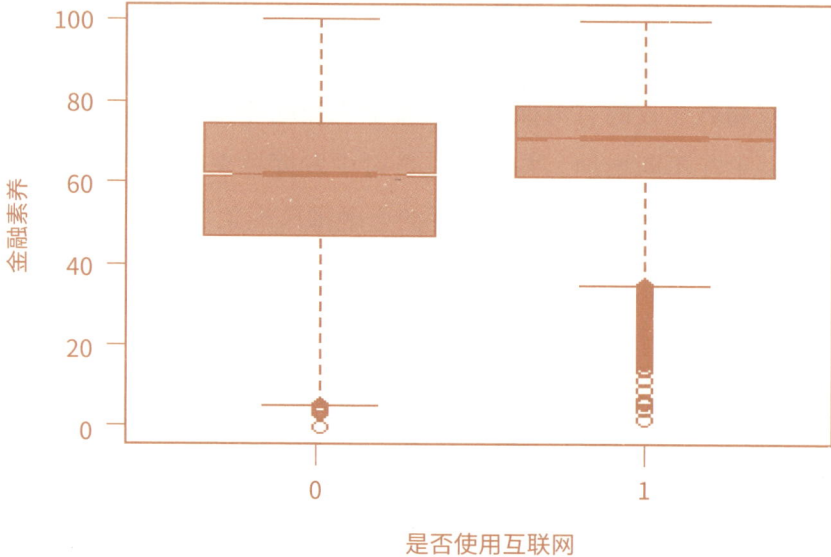

图4-1 是否使用互联网解决金融疑惑与金融素养之间的关系

其次，考察消费者人口统计特征与数字素养的关系。当消费者在金融方面有疑惑时，选择互联网与否是 0-1 型变量，因此将选择互联网与否作为因变量（Y），人口统计特征（包括年龄、性别、婚姻、学历、收入、职业、户口等因素）作为自变量进行 Logistics 回归分析：

$$Y_{0,1} \sim 年龄 + 性别 + 婚姻 + 教育 + 收入 + 职业 + 户口$$

表4-3 对是否使用互联网解决金融疑惑的Logistics回归

Coefficients	Estimate	Std. Error	z value	Pr(>|z|)	
Intercept	−0.74358	0.10087	−7.371	1.69E−13	***
Age2	−0.19774	0.05195	−3.806	0.000141	***
Age3	−0.29289	0.05769	−5.077	3.84E−07	***

续表

Coefficients	Estimate	Std. Error	z value	Pr(>|z|)	
Age4	−0.42262	0.06637	−6.367	1.93E−10	***
Age5	−0.87018	0.09761	−8.915	< 2e−16	***
Gender2	−0.08068	0.03225	−2.502	0.012358	*
MaritalStatus2	−0.02357	0.05176	−0.455	0.648835	
MaritalStatus3	−0.08844	0.1007	−0.878	0.379809	
MaritalStatus4	−0.41959	0.17415	−2.409	0.015982	*
Education	0.31126	0.01665	18.692	< 2e−16	***
Income	0.0361	0.01567	2.304	0.021218	*
Occupation2	0.44225	0.1058	4.18	2.92E−05	***
Occupation3	−0.11774	0.07213	−1.632	0.102622	
Occupation4	0.23003	0.05976	3.849	0.000118	***
Occupation5	0.01693	0.08698	0.195	0.845689	
Occupation6	0.0144	0.18117	0.08	0.93663	
Occupation7	0.26431	0.14624	1.807	0.070691	.
Occupation8	−0.11224	0.0918	−1.223	0.221449	
Hukou2	−0.19586	0.04226	−4.635	3.57E−06	***
Hukou3	−0.16442	0.06367	−2.582	0.009809	**
Hukou4	−0.08703	0.06788	−1.282	0.199778	
⋮					

Signif. codes: 0 '***' 0.001 '**' 0.01 '*' 0.05 '.' 0.1 ' ' 1

从回归系数表最后一列可以看出，年龄、学历、收入、职业（部分）、户口所在地（部分）与消费者数字素养显著相关。对回归结果进行指数化，可以看到被解释变量 Y 随自变量而发生的概率变化情况。

年龄越大，消费者通过互联网解决金融疑惑的概率越低。与 18~29 周岁群体相比，随着年龄段的上升，使用互联网的优势比呈下降趋势（且均小于 1），其中 65 周岁及以上的群体使用互联网的优势比仅为参照组的 43%。

对剩下的维度进行类似的分析。学历越高，消费者使用互联网的概率越高，学历每提高一档，优势比提高 38%。各职业中全日制学生和全职工作群体使用互联网的优势比最为明显，与"其他"选项相比，全日制学生和全职群体的优势比分别是其 1.59 倍和 1.28 倍。最高档收入的优势比是参照组（即最低档收入）的 1.22 倍。户口离调查点最远的群体的优势比是本地的 85%。性别的优势比变化不大。

简而言之，数字技术对消费者金融素养的影响整体是正向的，影响机制可以概括为促进和滞后两种效应。一是部分群体（年轻人、高学历、全日制学生和全职、高收入、城镇）能够充分发挥数字技术的作用，利用其很方便地了解和使用金融产品和服务，从而提高了自身的金融素养，表现为促进效应；二是部分群体（老年人、低学历、低收入、乡村）还没有充分利用数字技术或因数字素养不足导致信心缺乏，从而产生了滞后效应。

第二节　国民金融能力国家战略的演进及国际经验

一、金融教育国家战略整体状况

OECD/INFE 于 2015 年对全球 65 个经济体的金融教育国家战略进

行了初步统计，按 2015 年数据口径测算可知，纳入 INFE 统计范围的经济体囊括约 77.24% 的世界人口，覆盖约 69.76% 的土地面积，GDP 总量占全球经济的比重约为 90.29%，因此该样本能够充分说明金融教育国家战略的全球总体状况。其中，制定并至少实施了一次金融教育国家战略的经济体总数是 32 个，覆盖大约 42.21% 的世界人口、48.48% 的土地面积和 57.54% 的全球生产总值。从中国（不含港澳台）角度看，若全面实施金融教育国家战略，对受益人口的边际贡献最高可达到 18.68 个百分点，可使全球人口覆盖面提高至 60% 左右，是金融教育事业的关键节点。

2008 年国际金融危机爆发之后，各经济体越来越重视金融消费者的权益保护问题，同时，人们意识到金融素养的缺乏在世界范围内是一个普遍现象，有必要增强公众对金融产品和服务的认识和理解，提高消费者在金融领域作出明智决策的能力。进入 21 世纪后，逐渐有经济体将金融教育提升到国家战略的高度，尤其是在 2009 年之后，首次实施金融教育国家战略的经济体数量逐渐增多，而且改变了以往基本只有高收入经济体重视金融教育的局面，更多的中等收入经济体开始实施金融教育国家战略。例如，马来西亚近年来人均国内生产总值在 1 万美元左右，属于中高收入国家。2019 年马来西亚决定实施《金融教育国家战略（2019—2023 年）》，该国总理在序言中坦言，许多人在日常理财上捉襟见肘，应对财务冲击(如大病或失业)的能力很差，同时金融产品越来越复杂，人们对自身的金融决策承担着更多的风险和责任，这是个体和整个社会共同面临的挑战，因此推出金融教育国家战略，帮助人们提高金融素养、作出负责任的金融行为、形成健康的理财态度。

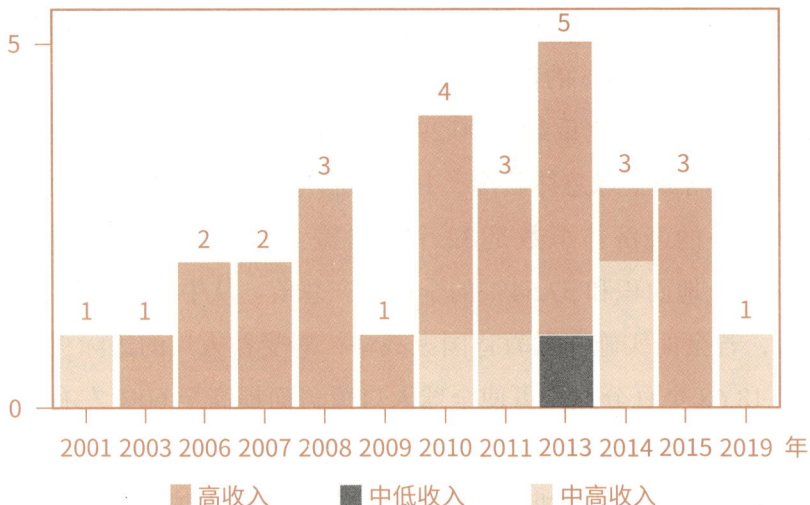

图4-2　首次实施金融教育国家战略经济体的时间分布

随着经济不断发展，居民财富持续积累，金融教育显得尤为必要。对于个人而言，日常涉及的主要是个人金融（Personal Finance）领域，更加通俗地理解就是个人如何与"钱"打交道。金融教育的目标之一是让个人学会管理自身的财务资源，实现个人及家庭的财务健康发展，而这是建立在国民经济繁荣发展的基础之上的。此外，家庭金融的健康发展是整个金融体系和经济可持续发展的重要支撑。越来越多的证据表明，金融教育可以提高消费者的金融知识和技能水平，改变消费者的态度和行为，使非理性借贷减少，储蓄和金融资产增加，这些结果有助于促进国民经济的可持续发展。

从图4-3可以看出，实施金融教育国家战略的经济体，其人均GDP中值（即位于中间的加粗横线所对应的纵轴数值）明显高于未实施金融教育国家战略的经济体。需要特别注意的是，此处的人均GDP是指经济体在第一次实施金融教育国家战略所处时间前一年的数据，这意味多数经济体在经济发展到一定程度便推动金融教育国家战略落地实施。从具体的数据看，各经济体在实施金融教育国家战略前一年的人均 GDP 中值为 24694 美元。

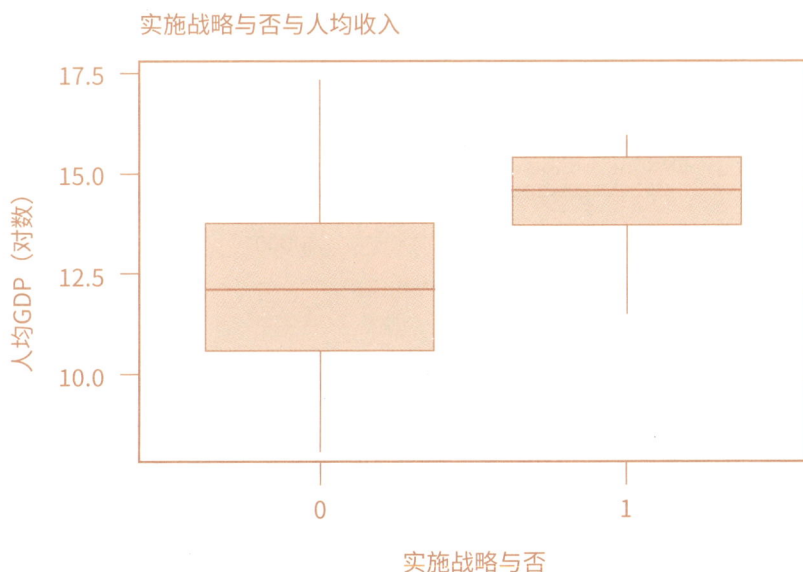

图4-3　实施金融教育国家战略的经济体人均GDP较高

通过图 4–4 中的散点可以更加清晰地看出，经济发展程度与金融教育国家战略的实施具有正相关性，人均 GDP 超过 1 万美元的经济体更倾向于实施金融教育国家战略。在考虑两者相关性时，先对其进行正态分布检验，结果显示变量不符合正态分布，因此在相关性检验时采用了斯皮尔曼检验，检验结果 P 值远小于 0.05，相关系数为 0.55，表明人均 GDP 与实施状态具有较强的正相关性。

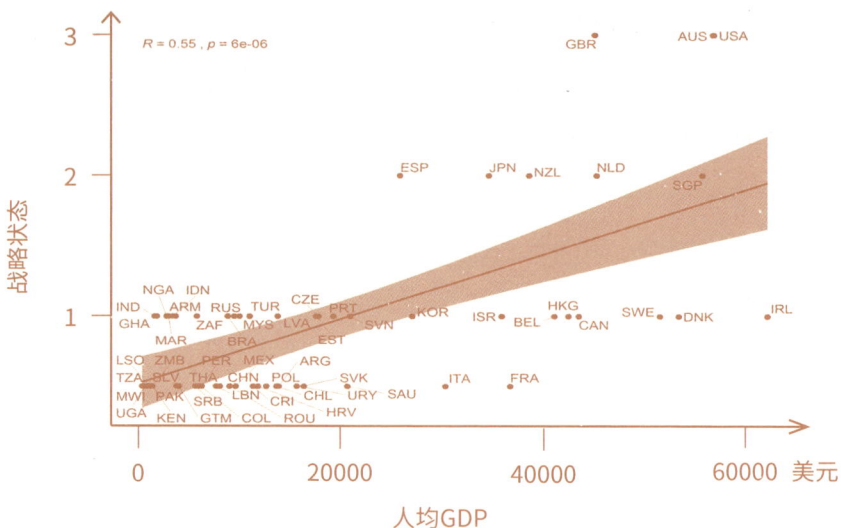

注：1. 置信水平为95%。

2. 图中国家（地区）名称英文缩写对应的中文名称依次为：UGA：乌干达，MWI：马拉维，TZA：坦桑尼亚，LSO：莱索托，GHA：加纳，IND：印度，KEN：肯尼亚，PAK：巴基斯坦，SLV：萨尔瓦多，ZMB：赞比亚，MAR：摩洛哥，ARM：亚美尼亚，NGA：尼日利亚，GTM：危地马拉，SRB：塞尔维亚，THA：泰国，PER：秘鲁，ZAF：南非，IDN：印度尼西亚，COL：哥伦比亚，LBN：黎巴嫩，CHN：中国，MEX：墨西哥，BRA：巴西，MYS：马来西亚，RUS：俄罗斯，ROU：罗马尼亚，CRI：哥斯达黎加，POL：波兰，LVA：拉脱维亚，TUR：土耳其，HRV：克罗地亚，CHL：智利，ARG：阿根廷，URY：乌拉圭，SVK：斯洛伐克，EST：爱沙尼亚，CZE：捷克，SAU：沙特阿拉伯，SVN：斯洛文尼亚，PRT：葡萄牙，ITA：意大利，KOR：韩国，ESP：西班牙，FRA：法国，ISR：以色列，JPN：日本，BEL：比利时，CAN：加拿大，HKG：中国香港，NZL：新西兰，SWE：瑞典，NLD：荷兰，DNK：丹麦，SGP：新加坡，IRL：爱尔兰。

图4-4 经济发展程度与金融教育国家战略的实施具有正相关性

二、金融能力国家战略的国际经验

（一）组织体系

战略制定一般由权威公共机构牵头负责并建立协调机制。G20国

家中有 11 个国家通过法定形式赋予相关机构制定金融教育国家战略
的职责（见表 4-4）。

日本由金融厅和中央金融信息委员会（CCFSI）牵头制定金融教
育国家战略，后者通过遍布全国的网络统筹协调战略的实施，该委员
会由金融和经济界组织、新闻机构、消费者组织等的代表，学术专家，
日本央行副行长等组成，相关部委代表参与，并由金融服务局局长和
日本央行行长担任顾问，秘书处设在日本央行信息服务局。

巴西于 2010 年以总统令的形式正式发布金融教育国家战略，并成
立国家金融教育委员会（CONEF），负责统筹开展金融教育国家战略
工作，委员会成员包括金融监管机构、教育部、财政部、司法部等数
十家公共机构及其他全国性社会组织，负责战略执行工作。

（二）战略基础

金融素养调查是制定、评估和改进金融教育国家战略的基础性工
作。加拿大从 2009 年开始每 5 年开展一次金融能力调查，2014 年开
展的调查发现，国民中有开支预算的比例在减少，土著居民和低收入
群体债务压力大，高收入群体债务水平高，养老储蓄意识不足等。调
查结果为 2015 年制定的金融素养国家战略提供了目标指引，将理财
和债务管理、养老规划等纳入目标体系中。金融素养调查也是一项综
合性的动态评估工具，2019 年的素养调查表明，国家战略实施后，加
拿大居民获取金融知识的渠道在增多，此前做预算的居民比例下降的
趋势得到逆转，尚未退休居民的养老意识有所提高，但仍然存在债务
压力大、日常收支难平衡等问题，为下一步工作计划提供了基础。马
来西亚中央银行 2011 年实施普惠金融战略框架，2015 年和 2018 年持
续开展金融能力和普惠金融需求调查（FCI），其中 2018 年的调查显示，

马来西亚国民的金融素养还存在很大提升空间，尤其是金融知识水平、储蓄和预算、应对重大意外、退休养老规划方面存在不足，隶属于央行的信用咨询与管理中心以及证券委员会的相关调查同时显示，金融教育在促进人们金融行为的改善方面发挥重要作用。在综合各方面调查成果的基础上，马来西亚的《金融教育国家战略（2019—2023 年）》制定了三大战略目标：储蓄管理钱财、提前规划养老、远离金融诈骗。

（三）战略制定

根据 OECD/INFE 2015 年的统计，目前共有 34 个国家（地区）实施了金融教育国家战略，其中实施第一个战略的有 21 个，正在修订或实施第二个以上战略的有 11 个。处于战略设计阶段的国家（地区）共有 24 个，我国于 2013 年提交《中国金融教育国家战略》，被列为"正在设计金融教育国家战略"状态。

表4-4　　　金融教育国家（地区）战略实施状态（2015年）

状态	数量	国家（地区）
正在修订或实施第二个以上金融教育国家战略	11	澳大利亚、捷克、日本、马来西亚、荷兰、新西兰、新加坡、斯洛伐克、西班牙、英国、美国
正在实施第一个金融教育国家战略	21	亚美尼亚、比利时、巴西、加拿大、克罗地亚、丹麦、爱沙尼亚、加纳、中国香港、印度尼西亚、爱尔兰、韩国、拉脱维亚、摩洛哥、尼日利亚、葡萄牙、俄罗斯、斯洛文尼亚、南非、瑞典、土耳其
正在设计金融教育国家战略	24	中国、阿根廷、智利、哥伦比亚、哥斯达黎加、萨尔瓦多、法国、危地马拉、肯尼亚、吉尔吉斯斯坦、黎巴嫩、马拉维、墨西哥、巴基斯坦、巴拉圭、秘鲁、波兰、沙特阿拉伯、塞尔维亚、坦桑尼亚、泰国、乌干达、乌拉圭、赞比亚

状态	数量	国家（地区）
金融教育国家战略尚在计划中	6	奥地利、北马其顿、菲律宾、罗马尼亚、乌克兰、津巴布韦

在 G20 成员国中，共有 11 个国家实施了金融教育国家战略，其中美国、日本、英国、澳大利亚 4 个国家正在修订或实施第二个以上的金融教育国家战略，正在实施第一个金融教育国家战略的有 7 个。印度、德国、意大利未被统计在列，其中印度的主要做法是将金融教育作为普惠金融的组成部分，以此推动相关活动的开展。

表4-5　　　　　　G20成员金融教育国家战略状态（2015年）

状态	数量	国家
正在修订或实施第二个以上金融教育国家战略	4	美国、日本、英国、澳大利亚
正在实施第一个金融教育国家战略	7	巴西、加拿大、印度尼西亚、韩国、俄罗斯、南非、土耳其
正在设计金融教育国家战略	5	中国、阿根廷、法国、墨西哥、沙特阿拉伯

战略执行依托于组织体系的完善和各相关方的支持。加拿大于2015 年发布金融知识普及国家战略后，通过国家金融知识普及指导委员会负责统筹协调战略执行工作，27 个联邦政府部门和 13 个地方政府部门组成的部际委员会在战略执行过程中发挥作用，在针对特定群体时（如老年人、青少年、土著居民等）各社会组织积极参与，在具体业务上各专业机构（如国家养老金投资委员会、精算师协会等）发挥各自业务优势。马来西亚于2019 年推出《金融教育国家战略（2019—2023 年）》，通过国家金融教育网络执行，该网络由中央银行和证券

委员会共同牵头，成员包括教育部、存款保险机构、公积金中心、国家信用咨询等，积极调动金融领域和相关方资源，促进金融教育国家战略有效落地。

（四）战略内容

聚焦现实问题。日本金融教育始终与国情变化相契合，当下负责金融教育国家战略具体工作的中央金融信息委员会的前身是 1952 年设立的中央储蓄促进委员会，旨在鼓励居民储蓄，帮助日本实现战后金融秩序的恢复和经济的复苏。经过数十年高速发展后，居民积累了大量财富，该委员会从 1983 年便开始致力于向居民提供经济金融信息，鼓励人生规划，开展理财教育。随着人口老龄化问题的加剧，日本加大金融教育力度，在中小学的家庭经济学课程纲要中增加了全生命周期规划相关内容，同时加大投资理财教育，调整早年金融教育帮助国民养成的储蓄习惯（房地产泡沫破裂后日本长期处于低利率环境，储蓄已经不能满足居民的财富保值增值需求）。欧盟国家普遍面临生育率低、人口老龄化、社会福利体系难以为继的困境，通过补充养老保险、养老保险体系转型等方式缓解难题，将养老责任部分转移到个人头上，个体养老规划意识和能力的培养显得尤为重要，欧盟在《全民金融教育》中将退休养老规划作为主题之一，提倡开展保险知识、养老规划教育，入选"良好经验"的爱尔兰、西班牙、波兰、英国等国家开展的金融教育项目均包含该方面内容。

聚焦重点人群。OECD 重视青少年的金融素养，从 2012 年开始在国际学生素养测试（PISA）中加入了金融素养内容，考察比较各国 15 岁中学生的金融知识水平，每 3 年单独发布一次金融素养测试国际比较结果。2015 年的测试表明，当前青少年面临更为复杂的金融选择和更加不确定的经济环境，由于缺乏足够的金融教育，无法作出明智的金融决定，而这直接影响他们的财务安全和幸福感，因此将青少年的金融教育列为重点工作。韩国于 1960—2009 年间人均预期寿命增加了 28 年，是变化最大的国家之一，面临着迅速恶化的人口老龄化危机。同时，韩国金融委员会开展的金融素养调查发现老年人拥有更多资产，但管理资产的能力要比年轻人低，是金融教育较为薄弱的环节，在国家战略中被列为金融教育的重点目标之一。印度尼西亚拥有庞大的海外务工群体，截至 2016 年估计有 900 万印度尼西亚人在境外工作，该群体半数是女性，受教育程度普遍不高，该群体的权益保护一直是印度尼西亚的社会热点问题，印度尼西亚中央银行与人力资源部门、教育部门协调开展针对出境务工群体的金融教育，确保其在行前掌握必备的金融知识和技能。不少发展中国家存在大量贫困人口，这些国家均将低收入群体列为金融教育国家战略的重点对象，与普惠金融措施形成互补，如俄罗斯、墨西哥、印度等。

（五）战略评估

战略评估服务于金融教育的持续推进和动态更新。大多数 G20 成员国会监督战略的实施，其中美国、日本、英国、澳大利亚、加拿大、南非六国均通过持续性的调查开展评估。在评估方式方面，调查评估（一般是定性定量相结合）是最常采用的方式，其次是金融素养指标评估和对相关方的定性分析。

澳大利亚每 3 年更新一次国家战略，战略执行过程中，每年出台一份战略执行简要总结，确保执行主体和各项活动按照战略的既定目标前进，例如，在 2016—2017 年的年度总结中，60% 的学校参与了智慧理财教育项目，智慧理财网站访问人次达到 700 万，93 万人受益于有针对性的金融指导。加拿大于 2019 年对金融知识普及国家战略实施五年以来进行了总结，其中金融消费者管理局作为牵头机构，开展的金融教育活动累计惠及 180 多万居民，占总人口约 4.79%；金融消费管理局网站累计访问次数为 1300 万次，网站汇集的金融教育免费资源累计 2500 余条，教育类视频累计观看 1500 万次，网站作为资源共享中心，在战略执行过程中发挥了很大作用。

三、案例分析：美国和英国的实践

（一）美国

美国于 2003 年通过《金融素养和教育促进法》（即《公平和准确信用交易法案》第五章），为金融教育国家战略的制定、实施、评估和更新等各方面提供了坚实的法律依据。

1. 组织体系

《金融素养和教育促进法》规定设立金融素养和教育委员会，共包括 23 个联邦政府部门（不同时期略有调整），涵盖多个领域，既包括消费者金融保护局、美联储、美国证券交易委员会、联邦存款保险公司、美国商品期货委员会、国家信用社管理局等金融领域相关部门，也包括教育部、住房与城市发展部、社会保障局、劳工部、退伍军人事务部等服务于社会公众或特定人群的其他政府部门。财政部部长任该委员会主席，每 4 个月召开一次部际会议，各部门结合自身的职责，负责战略的具体执行和反馈。

美国总统分别于 2008 年、2010 年、2013 年签署行政命令，建立总统顾问委员会[1]，调动行政体系等各方资源，确保法案得到有效实施，促进公众金融素养和能力的提升。例如，奥巴马于2013年签署第13646号总统行政命令，表示"为了促进国家未来金融稳定，增加公民经济地位上升的机会，联邦政府将青少年金融能力的提升作为一项政策，鼓励金融能力的早期培养，包括在学校、家庭、社区和工作场所等"，并要求各行政部门将金融能力相关信息报送总统顾问委员会。

表4-6　　2016年美国金融素养和教育委员会（FLEC）成员单位[2]

序号	部门	性质
1	消费者金融保护局	政府独立机构
2	国内政策委员会	白宫办公厅
3	内政部	政府组成部门
4	农业部	政府组成部门
5	国防部	政府组成部门
6	教育部	政府组成部门
7	卫生与公众服务部	政府组成部门
8	住房与城市发展部	政府组成部门
9	劳工部	政府组成部门
10	财政部	政府组成部门
11	退伍军人事务部	政府组成部门
12	商品期货委员会	政府独立机构
13	联邦存款保险公司	政府独立机构
14	联邦储备委员会	政府独立机构

[1] https://uscode.house.gov/view.xhtml?path=/prelim@title20/chapter77&edition=prelim.

[2] Promoting financial success in the United States: National Strategy for Financial Literacy 2016 update.

序号	部门	性质
15	联邦贸易委员会	政府独立机构
16	总务管理局	政府独立机构
17	国家信用社管理局	政府独立机构
18	证券交易委员会	政府独立机构
19	小企业管理局	政府独立机构
20	社会保障局	政府独立机构
21	货币监理署（隶属于财政部）	部委直属机构
22	联邦人事管理局	部委直属机构
23	联邦应急管理署（隶属于国土安全部）	部委直属机构

2. 战略制定

《金融素养和教育促进法》指定由财政部牵头成立金融素养和教育委员会，赋予其"通过制定促进金融素养和教育的国家战略，改善国民金融素养和教育状况"的法定职责[①]。从 2006 年开始制定金融素养国家战略，每 5 年动态更新一次，目前有 2006 年《掌握未来：金融素养国家战略》、2011 年《促进美国的金融成功：金融素养国家战略》和 2016 年《促进美国的金融成功：更新版》共三个版本的金融素养国家战略。以 2011 年战略制定为例，该委员会成立了金融教育国家战略工作组（NSWG），通过回顾 2006 年版的战略、广泛征求意见、重新界定目标和任务、发布新版战略等流程，在各方的大力支持下完成国家战略的修订。

---

① Financial literacy and education improvement act, 2003.

表4-7　　　　　美国2011年版金融素养国家战略制定流程

时间	步骤	主要内容
2009年8月至9月初	战略回顾	回顾2006年金融教育国家战略
		回顾其他相关战略
		回顾相关研究成果
2009年9月中旬至12月初	制定战略	制定问题清单，征求相关方意见：共计150余名
		完善战略框架
		确定评估框架
2009年12月中旬至2010年9月	发布战略	撰写战略初稿
		征求公众意见：69条反馈
		正式发布战略

3. 战略内容

2006年版的金融教育国家战略在内容上主要聚焦现实问题和特定群体两个方面，前者包括储蓄、房贷、退休规划、个人信用、消费者保护、投资者保护等，后者包括金融排斥群体、多元文化背景群体、青少年群体等。针对每一问题或群体均描述了现状、存在的问题、目标和可以采取的具体措施等。

在此基础上，2011年修订的战略富有远见，设定了让所有人获得金融福利的愿景，确定了国家战略的五大方向：政策、教育、实践、研究和协调，并制定了四个主要目标：让公众知道从何处获得金融教育资源，明确核心金融素养，改善金融教育基础设施，总结、分享良好实践。每一个主要目标被进一步分解成若干具体可执行的任务。

2016年更新的金融教育国家战略没有改变2011年定下的基调和

方向，主要回顾了 2011 年战略发布以来美国金融教育领域取得的进展，以及金融素养和教育委员会为推进政策、教育、实践、研究和协调行动领域发展所采取的行动，并确定了上述领域的今后工作。

表4-8 　　　　　　　　　　　　美国金融素养国家战略框架演变

年份	愿景	使命	目标
2006	未明确提出	未明确提出	1. 提高公众主动获取金融教育资源的意识 2. 针对需求制作金融教育材料 3. 建立广泛的合作关系 4. 对金融教育项目开展研究和评估
2011	让公众获得金融福利	为政策、教育、实践、研究和协调等各方面制定战略方向，让公众能够作出理性的金融决定	1. 让公众知道从何处获得金融教育资源 2. 明确核心金融素养 3. 改善金融教育基础设施 4. 总结、分享良好实践
2016	与2011年相同	与2011年相同	与2011年相同

4. 战略评估

《金融素养和教育促进法》规定金融素养和教育委员会每年都要对战略实施情况进行总结，向参议院的银行住房和城市事务委员会以及众议院的金融服务委员会提交金融赋能战略年度报告（SAFE）。金融素养和教育委员会分别于 2015 年和 2016 年提交了报告，对 2012—2015 年和 2015—2016 年两个时间段的金融教育活动进行总结，列举委员会及各成员单位在执行方面采取的具体措施。

表4-9　　　　　　　　　　美国金融赋能战略年度报告

提交时间	评估区间	典型成果举例	项目实施方
2015	2012—2015年	针对青少年的智慧理财课程工具（消费者金融保护局官网可供家长下载）	存款保险机构、消费者金融保护局
		助学贷款金融素养指南	联邦助学贷款机构
		退休规划金融教育计划	联邦人事管理局
		投资者金融素养战略	证券交易委员会
2016	2015—2016年	K—12金融教育政策制定指南	消费者金融保护局
		青少年金融素养和储蓄项目	国家信用社管理局
		职场金融素养养成计划	劳工部、教育部、联邦贸易委员会

（二）英国

英国于2018年通过《金融指导和索赔法》（*Financial Guidance and Claims Act*），规定设立单一金融指导机构，2019年该机构名称正式确定为"理财和养老服务机构"（MaPS），被赋予制定和协调金融教育国家战略的法定职责。

1.组织体系

单一金融指导机构（即MaPS）的设立改变了以往金融教育领域缺乏有力统筹的局面，对原来的货币咨询服务公司（MAS）、养老金咨询服务机构（PAS）、养老规划咨询机构（PensionWise）三家具有政府背景和公益性质的金融咨询和指导机构进行整合，赋予其制定金融教育国家战略的法定职责，首次将个人债务、个人理财、养老规划等重点内容进行实质性的统筹安排。

　　《金融指导和索赔法》对单一金融指导机构规定的五大功能之一是国家战略功能，法案对此功能作出进一步说明，明确该功能的含义是制定和协调国家战略，实现"提高公众金融能力，提高公众管理个人债务的能力，为青少年提供金融教育"的目标。法案还强调单一金融指导机构必须与其他机构开展协调与合作，如地方相关部门、金融从业机构、公益性机构等。

表4-10　　　　《金融指导和索赔法》赋予单一金融指导机构的职责

五大目标	五大功能
提高公众作出明智金融决定的能力	养老金指导功能
提供获取金融信息、指导和建议的渠道	债务建议功能
确保金融信息、指导和建议的清晰和便捷	理财指导功能
确保金融信息、指导和建议能够被最需要的人获得，尤其是弱势群体	消费者保护功能
加强与地方相关部门的合作	国家战略功能

2. 战略制定

　　英国目前共出台了三个版本的金融教育国家战略。2006年金融服务监管局（FSA）依据《2000年金融服务与市场法》赋予其保护金融消费者权益的法定职责，制定了第一个战略《英国金融能力：改变从现在开始》。《2010年金融服务法》要求成立独立的机构，将提升国民金融能力的职责从FSA剥离，2011年依法成立货币咨询服务公司（MAS），2015年MAS制定了第二个战略——《英国金融能力国家战略》。2018年《金融指导和索赔法》成立理财和养老服务机构（MaPS），明确赋予其战略制定和协调职责，MaPS于2020年1月发布最新的战略——《英国金融福祉战略：2020—2030》。

在各战略的制定过程中均广泛听取了政府、金融从业机构、金融教育从业者等各相关方的意见，充分利用金融素养调查获得的相关数据。以 2020 年的战略为例，MaPS 获取了 MAS、养老金咨询服务机构、养老规划咨询机构三大机构的以往调查数据，了解公众的需求，广泛听取了各领域专家、一线员工等方面意见，在各地举行座谈会，收集各相关方提交的反馈报告。

表4-11　　　　　　　　　　英国2020年国家战略的制定过程

事项	内容
了解公众需求	根据各机构（包括MAS、养老金咨询服务机构、养老规划咨询机构）的既有调查数据，分析公众需求。
回顾以往战略	评估以往战略的执行情况，对战略参与方深度调研，发布评估报告，总结经验和教训。
把握政策动向	与各政府部门及地方相关部门联系，了解他们在关键业务上的政策动向。
结合法定职责	梳理法律赋予的职责，包括《金融指导和索赔法》《公共机构平等义务规则》（*Public Sector Equality Duty*）等。
广泛征求意见	多种形式听取各方意见，包括各领域专家、一线员工等，在各地举行座谈会，收集各方反馈报告。

3. 战略内容

2020 年的战略在内容上主要围绕金融素养相关调查过程中发现的金融消费者存在的突出问题，有针对性地设定目标开展。综合各方数据发现，英国主要存在青少年金融教育不足、成年人储蓄不够、不少人借钱度日、债务建议获取不充分、长远规划意识不够等问题，影响居民的金融幸福感。针对上述问题，确定相应的目标群体，设定数量目标和质量要求，为金融教育的精准开展提供了方向。

4. 战略评估

英国于 2019 年对 2015 年版的金融能力战略进行了回顾和反思，肯定了货币咨询服务公司（MAS）的领导能力和金融能力调查的基础性作用，但也发现存在治理结构不健全、参与机构实质行动有限、目标群体不够清晰等问题，为此有针对性地更新制定了《英国金融福祉战略：2020—2030》。

第三节　国民金融能力国家战略的中国实践与探索

一、制定金融能力国家战略的现实意义

（一）应对数字化挑战，满足公众金融知识需要

习近平总书记在给 2019 中国国际数字经济博览会的贺信中指出，当今世界，科技革命和产业变革日新月异，数字经济蓬勃发展，深刻改变着人类生产生活方式，对各国经济社会发展、全球治理体系、人类文明进程影响深远。数字技术在金融领域的广泛应用，使金融产品日益丰富，金融服务普惠性增强，不断满足经济社会发展和人民群众需要。同时我们认识到，现代金融体系中产品和服务日益复杂，数字技术时常被不法分子用于金融诈骗，相较而言消费者的金融素养还普遍存在不足，权益受到侵害的现象时有发生，随着数字普惠金融的进

一步发展，群众金融知识水平相对不足与金融服务供给相对充足之间的失衡状态将长期存在。通过金融教育，向公众普及金融知识，增强居民的金融能力，提升金融获得感、财务安全感和生活幸福感，促进我国人力资本和金融核心竞争力的提高。

（二）应对人口老龄化，满足养老服务需要

当前我国人口老龄化程度持续加深，2018年我国65岁及以上人口比重上升至11.9%，老年抚养比达到17%，养老问题日益突出。与此同时，为应对平均预期寿命上升带来的严峻挑战，各国养老保险逐渐由现收现付模式转为完全积累或混合模式，增加了个人的养老储蓄责任。国务院办公厅2019年发布的《关于推进养老服务发展的意见》提出发展养老普惠金融，其中涉及住房反向抵押养老保险、商业养老保险等各类新颖的养老金融产品，这些产品的接受程度与公众的保险知识水平、长远规划意识等息息相关，对公众金融素养提出较高要求。该意见进一步提出要加强老年人消费权益保护和养老服务领域非法集资整治工作。中国人民银行消费者金融素养调查显示，老年群体金融素养较低，难以适应数字化带来的改变，更易遭受电信网络诈骗和非法金融活动的侵害。通过金融教育，一方面，提高各年龄段群体的保险知识水平和养老意识，从全生命周期角度及早开展养老规划，提高养老金的储备水平；另一方面，提升老年群体的金融素养水平，增强老年人的风险防范意识和识骗防骗能力。

（三）助力脱贫攻坚战，满足持续改善生活需要

习近平总书记在决战决胜脱贫攻坚座谈会上指出，我国脱贫攻坚取得决定性成就，贫困发生率由10.2%降至0.6%，连续7年每年减

贫 1000 万人以上。习近平总书记同时指出，巩固脱贫成果难度很大，不少人存在返贫和致贫风险；脱贫攻坚工作需要加强，部分贫困群众发展的内生动力不足。通过金融教育激发贫困群众的内生动力，牢固树立劳动致富观念和诚信意识，积极参与社会主义市场经济，积累并管理个人财富，提高家庭抵御风险的能力，逐步实现人生财务目标，提高群众的风险意识和自我保护能力，防止财富的无谓损失。

（四）助力资本市场高质量发展，满足财富保值增值需要

习近平总书记 2019 年在中共中央政治局第十三次集体学习时指出，要建设一个规范、透明、开放、有活力、有韧性的资本市场，完善资本市场基础性制度。从投资者角度看，长期以来中国资本市场一直以中小投资者为主，存在投资者结构不合理、机构投资者整体规模偏小、发展不平衡的现象，尤其是个人投资者比例偏高，投资期限短，交易频繁。人民在不断创造美好生活的同时必然伴随着财富的增长和积累，有多元化投资理财的客观需要。通过金融教育，特别是对居民进行理财知识普及和防范风险教育，促进投资者结构的转变，使居民共享经济高质量发展带来的红利。

二、金融能力国家战略的探索与实践

（一）探索建立金融教育国家战略框架

中国人民银行于 2013 年会同银监会、证监会、保监会研究制定了《中国金融教育国家战略》并提交 G20，提出金融教育的治理机制、工作目标和实施措施等内容。

2013 年金融教育国家战略定下的目标是形成惠及全民的金融教育

体系，提供形式多样、内容丰富的金融教育资源，满足人民群众日益增长的金融教育需求，提升全民的金融风险意识和自我保护能力，引导金融消费者在金融交易中作出理智决定和明智选择，营造金融机构与金融消费者和谐发展的良好金融环境。

战略任务是明确金融教育的指导思想和战略方向，制定金融教育的实施原则和评价标准，加强研究和实践的协调统一，进一步建立和完善金融教育的组织体系、内容体系、实施体系、保障体系和评估体系。

战略确立的优先事项包括：开展国民金融能力普查，结合实际制定计划方案；遵循按需教育原则，开展层次分明重点突出的金融教育；重点保护弱势群体，提升金融可获得性。为促进全体民众掌握符合其需求的金融知识，金融教育的开展要进一步细分对象，根据各细分群体的年龄阶段、知识水平和金融知识需求特征等因素，设计相应的教育内容和重点。

制定金融教育有效性评估标准，设计包含知识指标、技能和态度指标、行为变化指标、教育有效性指标等在内的多层次指标体系，定期组织评估、比较。

（二）组织开展金融素养调查

中国人民银行于2013年和2015年针对消费者金融素养情况进行了两次全国范围内的试点调查，2016年正式建立了消费者金融素养调查制度。从2017年开始在全国范围内每两年开展一次消费者金融素养问卷调查。

2019年开展的调查从消费者态度、行为、知识和技能等多角度综合定性分析我国消费者的金融素养情况。从消费者态度看，消费者在金融态度方面的整体情况较好，大多数群体能够意识到金融知识普及和在校园开展金融教育的重要性，更加重视个人信用；延迟消费的意愿则略有下降（或更加倾向于即时消费），其中全日制学生延迟消费的意愿最低。从消费者行为看，整体上消费者的金融行为能力有待加强，在阅读合同条款、为小孩上学储蓄、使用 ATM 时的密码保护行为方面有较好的表现；在家庭开支的规划和执行、对账单的理解、信用卡还款方面的行为能力需要进一步 提升，在应对意外开支的意识和准备方面普遍存在不足 。从消费者金融知识水平看，消费者整体上对金融知识有一定的掌握，在银行卡、储蓄、信用知识方面的正确率较高，均超过 60%；在贷款、投资、保险等方面的知识水平有待提高，不同群体对各类金融知识的掌握程度存在着较大的差异。从消费者金融技能看，整体上消费者在理解金融合同的权利和义务、产品风险和收益、假币处理方面的掌握情况相对较好，在辨别非法投资产品和渠道、比较金融产品和服务方面有一定的掌握；而在冠字号码功能、银行卡使用方面的能力还需要加强，对新版人民币防伪特征的掌握水平需要提高。从消费者对金融知识的需求情况看，消费者最感兴趣的五大类金融知识依次是银行卡（包括借记卡和信用卡）、银行理财产品、住房贷款、基金股票投资、手机银行等电子银行服务。从人口统计特征看，不同群体的消费者在金融态度、金融知识、金融行为、金融技能和金融知识需求方面均存在较大的差异。

表4-12　　　　　　　　　　消费者金融知识水平

年份	金融素养指数	金融知识平均正确率（%）					
		银行卡知识	信用知识	储蓄知识	贷款知识	投资知识	保险知识
2017	63.71	74.52	64.49	62.73	52.72	49.08	53.82
2019	64.77	76.31	66.98	62.01	54.38	54.77	53.99

（三）开展集中性金融知识普及活动

中国人民银行连续多年组织分支机构和金融机构开展集中性金融知识普及活动。每年 3 月份开展以"权利·风险·责任"为主题的"金融消费者权益日"活动，6 月份开展"普及金融知识，守住钱袋子"活动，9 月份开展"金融知识普及月"活动。2019 年 9 月中国人民银行、银保监会、证监会、国家网信办共同举办金融知识普及活动，切实发挥金融教育协调机制的功能。银保监会、证监会、各地政府相关部门均在职责范围内开展了金融教育活动。

（四）推进金融知识纳入国民教育体系

中国人民银行与教育部门合作，在各层面积极推进金融知识纳入国民教育体系。截至 2019 年，在省级层面，有 10 家中国人民银行分支机构与当地教育厅等部门联合发文，构建金融知识纳入国民教育体系的合作机制；在地市级层面，有 143 家中国人民银行分支机构与当地教育局等部门建立相应机制；在县级层面，有 252 家中国人民银行分支机构联合当地其他部门建立金融知识纳入国民教育体系协作机制。

对部分试点地区的评估显示，金融教育对学生金融素养的提升作用较为明显。山西的评估结果显示未开设课程的六年级学生成绩明显低于开设课程的五年级学生，家长评估也存在类似结果。福建的评估结果显示，实验组的金融测试平均分、及格率和优秀率均显著高于对照组。山东围绕金融素养开展跨地市对照评估，结果显示实验组学生及其家长回答金融知识问题的平均正确率分别高于对照组学生及家长 18.5 个和 23.1 个百分点。

第四节　国民金融能力国家战略的基本框架和主要内容

金融能力国家战略的实施，有助于提升国民的整体金融素养，从金融需求端出发促进金融生态的优化，助推实体经济的高质量发展。金融能力国家战略至少应包括完善的组织体系、明确的框架和重点内容以及事后的持续评估，形成金融能力国家战略的实施闭环，使战略的设计、实施、评估、修订等各环节能够良性循环发展。

一、完善组织体系

为了金融教育工作有序开展，加强各政府部门之间的协调配合，有必要建立统筹机制，制定战略框架，分工负责编制战略规划，明确金融教育总体目标，制定出台金融教育领域的法律法规和相关政策措施，努力协调推动所有利益相关方积极开展金融教育活动，确保国家战略持续有效地实施。

从全球范围看，最常采用的治理方式是组建专门委员会，以统筹谋划和分头推进相结合的方式促成金融教育国家战略的制定和实施，例如美国根据《金融素养和教育促进法》设立了金融素养和教育委员会（FLEC），巴西以总统令的形式组建国家金融教育委员会（CONEF）。其次是由中央银行或其他金融监管机构牵头各相关方，制定金融教育国家战略并努力推动战略的落地实施，例如 2013 年中国人民银行联合银监会、证监会、保监会设计了《中国金融教育国家战略》，西班牙中央银行和证券市场委员会（CNMV）等部门共同牵头制定金融教育国家战略，马来西亚中央银行联合证券委员会制定战略并通过国家金融教育网络推动实施。也有经济体在国家层面专门成立了金融消费者保护机构，赋予其金融教育国家战略的统筹职责，典型例子有隶属于加拿大联邦政府的金融消费者保护局、英国理财和养老服务机构（MaPS）。

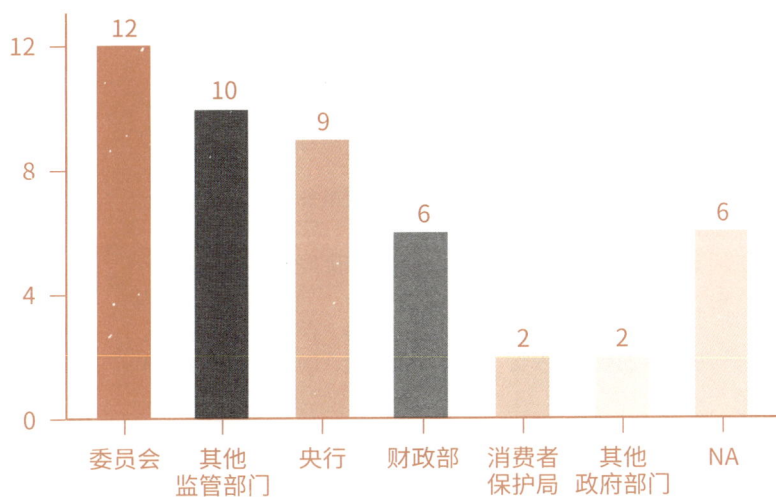

注：横轴表示制定和实施国家战略的负责机构，其中的委员会是指负责制定和实施国家战略的专门委员会，"NA"表示没有专门的制定和实施国家战略的负责机构；纵轴表示对应的经济体的数量。

图4-5　金融教育国家战略治理机制

（资料来源：中国人民银行基于INFE相关报告进行统计）

金融教育国家战略的实施离不开治理体系和治理能力的建设。要充分发挥现有金融监管协调机制的作用，加强各金融管理部门的合作和分工，共同绘制金融教育国家战略蓝图，将战略执行机制与地方金融监管协调机制有效衔接。围绕目标群体，强化金融管理部门与其他政府部门的协调，保持治理体系的开放性。发挥金融机构、社会组织等其他利益相关方的作用，使金融教育广泛覆盖各类群体，有效提升公众金融素养水平。

表4-13　　　　　　　　G20成员国金融教育国家战略组织体系

国家	具有法定职责的机构	牵头机构	协调机构
中国		中国人民银行	原银监会、证监会、原保监会
美国	金融素养和教育委员会	金融素养和教育委员会	
日本	金融厅 中央金融信息委员会	金融厅 中央金融信息委员会	
英国	理财和养老服务机构	理财和养老服务机构	
阿根廷	国家证券委员会	国家证券委员会	
澳大利亚	证券和投资委员会	证券和投资委员会	澳大利亚金融素养委员会
巴西	国家金融教育委员会	金融、证券、保险和补充养老金监管委员会、国家金融教育委员会	
加拿大	金融消费者保护局	金融消费者保护局	
印度	所有金融监管机构		国家金融教育中心
印度尼西亚	金融服务局 金融行业协会	金融服务局 金融行业协会	
韩国		金融服务委员会	金融服务委员会
墨西哥	财政部	财政部、公共信贷局 金融教育委员会	金融教育委员会
俄罗斯		财政部	财政部
南非	金融服务委员会	金融服务委员会 财政部	

续表

国家	具有法定职责的机构	牵头机构	协调机构
土耳其	资本市场委员会	金融稳定委员会 资本市场委员会	资本市场委员会

二、推动战略修订和实施

梳理分析 2013 年《中国金融教育国家战略》制定以来的工作进展，通过对各相关方开展的金融教育工作进行回顾，对采取的金融教育措施进行总结评估，发现现有金融教育措施的亮点和不足之处。同时，要分析既有的调查研究结果，了解公众金融教育需求的变化，掌握金融素养各方面存在的薄弱环节，作为修订金融教育国家战略的依据。

此外，要确定国家战略目标框架和受众群体。各相关方可以结合各自职责确定自身政策目标，围绕政策目标进一步明确受众群体和具体任务。从个体全生命周期的角度统筹协调各政策目标，形成以个体金融福祉为核心的战略框架体系。在评估汇总各相关方资源后，要制定行动计划，协调各相关方共同执行金融教育国家战略，确保执行体系的开放性和灵活性，最大限度地提高金融教育的覆盖面，形成惠及全民的金融教育体系。

三、紧抓重点环节

完善金融教育基础设施。持续开展金融素养调查，把握公众金融知识水平和薄弱环节。构建金融教育数字化矩阵，适应数字化发展趋势。打造金融教育示范基地，关注特殊群体需求。

关注金融教育重点群体。为促进公众掌握符合其需求的金融知识，金融教育的开展应进一步细分对象，根据各细分群体的年龄阶段、知识水平及金融知识需求特征等因素，在各项目中设计相应的教育内容和重点。

关注金融教育薄弱地区。针对农村地区和部分经济欠发达地区居民金融素养水平相对较低的特点，组织人员深入农村和社区，开展基础金融知识的普及和宣传，扩大普惠金融服务的覆盖面和使用率。

四、评估战略进展

综合使用定性分析和定量分析，对各金融教育项目的成果定期进行评价，便于不同金融教育项目有效性的横向比较和不同年度的纵向比较，不断提高金融教育的有效性。

构建核心指标体系。依托"一行两会"及相关方现有的各项调查，提炼可以进行国际横向比较和时间序列纵向比较的指标，便于精准定位我国居民的金融素养水平，衡量金融教育的有效性。负责金融教育国家战略执行的相关方对各自领域的战略实施情况进行年度总结和评估，汇总形成年度执行报告。在战略实施末期开展战略执行总体回顾，形成战略执行总体报告，总结经验和教训，发现金融教育的不足之处，为战略的新一轮修订提供基础和依据。

第五章 / 数字时代的国民金融能力发展

近年来，人工智能、大数据、云计算、物联网、数据聚合器等技术广泛应用于金融领域，信息技术由支撑金融业务发展向引领金融创新转变。数字技术在金融领域的广泛运用既为国民金融能力的跨越式发展提供了有利条件，也对国民金融能力发展提出了新的挑战。发展数字时代的国民金融能力要坚持守正创新、趋利避害，坚持科技赋能、守住风险底线，加强金融消费者教育和金融知识普及，深化金融消费权益保护和个人金融信息保护，有效克服数字鸿沟和金融排斥，提升金融消费者的风险防范能力和自我保护意识。

要大力发展数字普惠金融，积极倡导和践行负责任金融的理念，合理推广和使用智能金融，尊重老年人、农民、贫困人群等弱势群体对传统金融服务的选择权，实现智能金融的包容性发展。在推进数字时代国民金融能力发展方面，可以合理借助智能金融教育提升国民金融能力，发挥好金融科技对国民金融能力发展的促进作用，进一步丰富推进国民金融能力发展的路径和策略，推动国民金融能力与金融科技协调发展，使社会公众能够更好地共享金融业改革发展成果。

第一节　数字时代概述

数字时代是指一个信息存在方式正在越来越趋向于数字形式，以数字技术为运作规则的时代。从生产力角度来看，数字化是一个辅人的技术概念。数字化技术以计算机为核心，它经历了从最初的计算工具，到记录工具再到生存工具的发展。现在数字技术作为前沿科技，已经成为我们这个时代的标志性生产力。从社会生存角度来看，数字化是一个生存方式概念，数字化生存具有高参与性。人类的真实生活经过数字化处理，被转移到了虚拟空间里，发挥他们在现实生活中等效的作用。在虚拟空间中，人的身份、形象、个性等都被高度数字化，由符号所代替，通过网络超时空的传播和互动，在更大程度上实现了人的自由发展和自由交往。数字化成为每个人参与现实、表现自我的一种新的工具，从而构成了我们的生存方式与实践方式 [1]。

一、数字时代特征

（一）数据成为推动经济发展的关键生产要素

在数字经济时代，数据成为经济发展依靠的关键生产要素，也是未来企业和国家之间竞争的核心资产。数据作为一种关键生产要素，

---

[1] 苏庭栋，陆峰. 联合国数字合作报告给我国数字治理带来的思考[J]. 中国信息化周报，2020（3）.

与土地、劳动、资本、技术等生产要素不同。只要有人的活动，就伴随着数据的生产、复制和共享，这就从根本上打破了生产要素稀缺性的制约，成为推动经济持续健康发展的重要支撑。党的十九届四中全会提出"健全劳动、资本、土地、知识、技术、管理、数据等生产要素由市场评价贡献、按贡献决定报酬的机制。"首次将"数据"增列为生产要素，并参与收入分配。2020 年 4 月 9 日发布的《中共中央　国务院关于构建更加完善的要素市场化配置体制机制的意见》进一步从推进政府数据开放共享、提升社会数据资源价值、加强数据资源整合和安全保护三个方面对加快培育数据要素市场作出了具体部署。2020 年 10 月 29 日，党的十九届五中全会审议通过的《中共中央关于制定国民经济和社会发展第十四个五年规划和二〇三五年远景目标的建议》明确提出"发展数字经济，推进数字产业化和产业数字化，推动数字经济和实体经济深度融合，打造具有国际竞争力的数字产业集群"，这些都将对深化数据生产要素的市场化配置改革、提高配置效率、进一步激发社会创造力和市场活力产生重大而深远的影响。

（二）数字基础设施成为新型基础设施

在数字经济时代，数据成为推动经济发展的关键生产要素，基础设施的形态得到进一步丰富和发展，数字基础设施成为新型基础设施。2018 年 12 月，中央经济工作会议重新定义了基础设施建设，把 5G、人工智能、工业互联网、物联网定义为"新型基础设施建设"。随后，"加强新一代信息基础设施建设"被写入了 2019 年政府工作报告。与传统基础设施建设相比，新型基础设施建设本质上是信息数字化的基础设施，它的内涵更加丰富，更能体现数字经济特征，能够更好地推动中国经济转型升级。

（三）供给和需求逐渐走向融合

在传统经济形态下，供给和需求是相互分离的。在工业化早期物质相对稀缺，需求的满足取决于供给的产品，从某种意义上供给决定了需求。经济发展到一定阶段，物质稀缺的问题得到较好解决，生产可以完全按照消费者的需求来进行，但供给侧和需求侧相互分离的关系并没有改变。然而，进入数字经济时代，数字化技术的逐渐成熟，推动供给侧和需求侧逐渐走向融合。

二、新冠肺炎疫情推动数字时代发展提速

突如其来的新冠肺炎疫情，对我国经济社会发展造成了较大冲击，也对金融业发展和金融消费者保护提出了挑战。但我国经济长期向好的基本面没有改变，疫情的冲击是短暂的，总体是可控的。危和机总是同生并存的，克服了危即是机。疫情对产业发展来说既是挑战，也是机遇，一些传统行业受冲击较大，而金融科技、5G 网络、大数据、人工智能、在线消费等新兴产业展现出强大的成长潜力，可以此为契机，改造提升传统产业、培育壮大新兴产业。就金融行业而言，此次疫情对居民消费习惯及消费观念造成了长期显著的影响，居民办理业务方式加速由线下向线上迁移，更多消费者选择通过互联网、手机APP、小程序来办理相关业务。银行网点及业务模式也加速数字化转型，利用大数据、云计算、人工智能等技术，实现精准营销、在线获客和智能风控等。这种数字化转型在支付结算、存贷款与资本筹集、投资管理及金融市场基础设施等多个方面对银行业务发展及办理带来了深远影响。

疫情防控期间，金融管理部门从指导金融机构提供差异化优惠金

融服务，灵活调整住房按揭、信用卡等个人信贷还款安排，引导企业和居民通过互联网、手机 APP 等线上方式办理金融业务，加大电子支付服务保障力度，利用线上等方式保持投诉渠道畅通、优化客户咨询投诉处理流程，加强行业自律、规范营销宣传行为等方面及时调整了相关监管规则，作出了监管特殊安排，指导金融机构加强基本金融服务保障力度，有效维护了金融消费者合法权益，也从监管层面推动和引导金融机构业务转型升级。一些金融机构已经顺势推出了相关的产品，例如，兴业银行建设和运营了福建省金融服务云平台，平台上线了"战疫专区"，为抗疫企业、复工复产企业开辟专属申贷入口，提供贷款贴息等惠企政策补贴申请渠道，重点保障企业申报专属通道。平台充分运用科技和金融的融合发展，打造"金融服务"和"金融生态"两大板块，应用金融科技，智能匹配融资需求与金融供给，着力破解中小企业融资难、融资贵、融资慢等问题。

第二节　数字金融与国民金融能力发展

一、数字技术在金融领域的应用——数字金融

现代金融是以货币为主要媒介、经营社会投融资活动、具有信息不对称性质的特殊服务行业，对数字技术的发展、变革和应用具有高度的敏感性。目前，我国的金融业已经发展成为科技驱动型和信息数字密集型的现代服务行业。从人类文明和科技发展的历史角度看，历次工业革命或科技的大规模产业化过程中，金融行业都充当了重要投资者、推动者、参与者和受益者的角色。从金融本身的发展历史来看，金融行业也在不断实现金融产品和服务、金融工具和基础设施、金融业态和生态、经营管理和商业模式的发展和创新。

作为现代金融业的创新，数字金融是数字技术在金融领域的运用，通过互联网及信息技术手段与传统金融服务业态相结合的新一代金融服务，包括互联网支付、移动支付、网上银行、金融服务外包及网上贷款、网上保险、网上基金等金融服务。在数字移动支付获得突破性进展后，数字技术不断地渗入金融业，包括但不限于金融功能、金融服务模式、金融业态和机构、金融运营管理和服务外包，以及金融监管机构的监督管理等所有金融生态链条和环节。世界范围内的金融机构和相关的非金融企业在受到日益严格的资本监管和科技监管的

同时，也在积极追逐数字科技和数字金融发展的红利，争取市场竞争优势。以传统的银行业为例，近年来，国内传统银行业并未受到数字技术和数字金融的冲击和替代，反而利用数字技术和金融科技弥补了金融体系中的直接债务融资、普惠金融和财富管理等方面的功能短板，先后成立的金融科技部门甚至是新设专门的金融科技子公司，探索发展金融科技和开放银行，利用数字时代的红利向智慧型银行演进[①]。

在数字时代背景下，金融领域正由互联网金融时代加速转向金融科技时代。不少学者认为，金融科技是互联网金融的下一阶段。巴塞尔委员会（BCBS）将金融科技划分为四个核心的应用领域：存贷款与融资服务、支付与清/结算服务、投资管理服务、市场基础设施服务。其中存贷款与融资服务的应用具体包括征信、众筹、网贷等产品；支付与清/结算服务包括P2P汇款和移动支付等；投资管理服务包括智能投顾与智能投研；市场基础设施服务最为广泛，包括区块链、大数据、人工智能和云计算等技术带来的金融创新。

二、数字金融发展对国民金融能力的挑战

数字金融的发展为金融业带来深刻的变革，为金融消费者提供了更多便利，也给国民金融能力和金融消费者保护提出了新的挑战：一是以损害安全权益为主的各类风险，比如数字欺诈、网络犯罪和数字隐私泄露等；二是鼓励了金融消费者的经济冒险行为；三是带来了新的数字鸿沟。

[①] 中国人民银行金融消费权益保护局课题组. 数字时代的金融能力培养[C]. 2020–03.

（一）数字金融带来安全风险

一是传统的财产损失风险。随着数字技术的发展，不法分子可以采用更隐秘的手段骗取金融消费者的资产。特别是这次新冠肺炎疫情期间，各类金融诈骗手法花样不断翻新，让消费者防不胜防，有的以机票等"退改签"为由窃取银行卡号、密码、验证码等敏感信息，转走卡内余额；有的在网络平台以"采购防护物资""推销药品"为由诱骗消费者转账，使消费者账户资金受损；有的以"献爱心"等为幌子发布虚假信息，利用群众的同情心骗取捐款；有的以"推迟开学""线上培训"为名，通过班级 QQ 群联系学生家长进行行骗等。

二是信息不对称和道德风险。数字技术和金融科技的发展，加剧了商业银行等金融机构与金融消费者之间的信息不对称，从而使金融机构与金融消费者之间的地位愈加不平等。金融机构利用数字技术和金融科技开发出多种新的金融产品和服务，在购买产品和接受服务过程中，金融消费者明显处于弱势地位，权益保障不够充分。例如，各类资管产品的设计、运作高度专业化，有相当一部分资管产品的销售对象却是面向普通的社会公众，虽然在资管产品销售时也有录音录像、风险提示和风险承受能力评估，但广大金融消费者对金融专业知识的掌握毕竟有限，即使是金融从业人员对资管产品特别是权益类、商品及金融衍生品类、混合类等高度专业化的金融产品的设计、运作也不是特别清楚，作为各类资管产品资金运作重要渠道的银行间债券市场违约事件也时有发生，打破刚性兑付已成大势所趋。数字金融加速发展背景下，金融机构与金融消费者在资管产品运作方面的信息不对称，会引发和助长金融机构的道德风险。

三是个人金融信息泄露的风险。在数字时代，数据隐私与经济财产权利都构成了金融消费者权益的重要内容。随着数字普惠金融的发展，金融机构有机会从广大金融消费者处获取大量的个人基本信息、财务状况和个人生物信息等，为金融消费者数据隐私被侵犯埋下了风险隐患。欧盟在出台《通用数据保护条例》后，大量的金融企业和互联网行业受到了严厉处罚。目前，国内与数据隐私保护相关的制度规定庞杂零散，缺乏专项的、可操作性强的法律或行政法规，加之消费者自我保护的意识和能力不足，致使一些违法违规行为得不到有效查处和震慑。

（二）数字金融一定程度上鼓励消费者的金融冒险行为

金融冒险行为（个人借贷的泛滥）曾经引发了 2008 年的国际金融危机。数字金融发展虽然使金融消费者的金融决策和金融行为更加便捷，但也变相鼓励了金融消费者的冒险行为，很多借贷、投资等业务在手机 APP 上通过简单的一键式操作或二维码支付就能快速完成。在被误导参与非法金融活动（以金融诈骗为代表）方面，金融消费者容易快速地将资金转移至对方账户，使诈骗活动很快得逞；在投资理财方面，金融消费者直接在手机移动端进行投资理财操作，缺乏谨慎的考虑；在个人借贷上，花呗、信用卡等数字移动借贷工具容易让缺乏自制力的金融消费者陷入过度借贷危机；在个人数据隐私方面，金融消费者在数字平台上的操作容易导致个人数据被相关平台收集，甚至可能被用于非法金融活动或其他犯罪活动[①]。

（三）数字金融带来新的数字鸿沟

数字鸿沟，是指在全球数字化进程中，不同国家、地区、行业、

---

① 中国人民银行金融消费权益保护局课题组. 数字时代的金融能力培养[C]. 2020-03.

企业、社区之间，由于对信息、网络技术的拥有程度、应用程度以及创新能力的差别而造成的信息落差及贫富进一步两极分化的趋势。数字技术对金融能力的影响整体是正向的，可以概括为促进和滞后两种效应。一是年轻人、高学历、全日制学生和全职、高收入、城镇户口这部分群体能够充分发挥数字技术的作用，利用其很方便地了解和使用金融产品和服务，从而提高了自身的金融素养，表现为促进效应；二是老年人、低学历、低收入、乡村居民这部分群体还没有充分利用数字技术或因数字技术素养不足导致信心缺乏，从而产生了滞后效应。此类群体对网络技术、移动支付等线上金融产品及服务缺少了解和掌握，数字金融知识普及方式也难以全面覆盖，使其自身金融能力明显不足，加之金融机构"嫌贫爱富"，缺少对弱势群体提供基本金融服务的动力，进一步使弱势群体与数字金融渐行渐远，他们无法享受数字金融带来的便利，从而拉大了数字鸿沟。

随着信息技术的广泛应用，网络成为人们工作和生活的基础性工具，人们可以通过它获得知识、提高工作效率，但也可以使人沉迷于网络游戏、网络消费中。换句话说，在信息技术可及性问题变得不那么凸显后，信息技术的使用目的和方式的人群差异成为新的数字鸿沟，即所谓的"数字鸿沟2.0"。国外的一些研究发现，学校环境、家庭条件会显著地影响青少年的网络使用行为，来自低收入家庭的青少年更容易沉迷于网络社交、网络游戏、网络消费等，产生了严重的负面后果。事实上，从我国近年来处置的一些校园贷、现金贷、信用卡透支等案例看，很多都是由于在校学生等青少年群体过度沉迷于网络消费等原因造成的。数字鸿沟2.0是一个新问题，青少年网络素养教育也是一项新任务，要科学评估数字鸿沟2.0的各种表现形式及其影响，梳理它们与技术发展、企业行为、家庭背景等因素之间的关系。在此基础上，着力加强青少年网络素养教育和金融能力教育，引导青少年正确看待和使用网络，合力缩小数字鸿沟 2.0，让青少年更加健康地成长，让包括数字金融在内的信息技术更好地惠及各类社会群体。

三、数字时代国民金融能力发展的意义

（一）数字时代提升金融服务水平的迫切需要

普惠金融旨在以可负担的成本提供充分的机会让所有群体都可以接受金融服务，尤其是原来被排除在正规金融服务之外的群体，这类群体往往也是普惠金融服务的重点对象，包括农村人群、城市务工人民、残疾人、老年人和小微企业。这类新金融服务群体文化素养相对较低，接受的金融教育有限，金融能力较为薄弱，风险承受能力也有欠缺，发生风险时往往会采取极端非理性的措施维权，进而引发群体性风险事件，这类群体成为数字时代普惠金融发展的"风险敞口"。

随着数字技术的不断发展，数字金融服务迅速走进公众的日常生活，并与之发生越来越紧密的联系，例如使用移动支付服务代替原来的现金支付。无论从覆盖范围还是从使用频率来看，金融服务都已深入绝大部分社会群体的生活当中。但是金融服务的广泛使用也加剧了金融消费者权益受侵犯和金融系统不稳定（脆弱）的风险[1]。以数据隐私为例，当金融机构及相关企业在日常金融服务中获取金融消费者的个人信息乃至生物特征时，很容易跨出金融消费者个人隐私权的边界，甚至因个人数据的泄露而导致金融诈骗事件频发，侵害了金融消费者个人的财产权利，而且会由于其涉众性及事后难以追回而影响社会秩序的安定。利用数字技术提升金融服务的覆盖面，并在此过程中

---

[1]《二十国集团数字普惠金融高级原则》。

有效保护金融消费者合法权益，必须提升国民金融能力，使金融消费者能够正确使用数字金融产品和服务，增强风险防范意识和自我保护能力，更好地享受数字金融发展带来的便利。

（二）数字时代优化金融发展环境的重要路径

数字经济的发展，滋养了金融创新的土壤，也对金融市场发展和消费者提出了挑战。进入数字经济时代，尤其是金融科技的发展，使银行业金融机构、非银行金融机构和非金融实体（如通信公司）之间出现了外包和代理安排，同一集团下不同公司分别从事通信、社交、支付、贷款等多种业务，使金融关系日益复杂化，也加剧了消费者与金融服务经营者之间信息不对称问题。消费者在购买和享受金融服务时，对上述复杂的服务和金融法律关系缺乏足够的认识，甚至对真正的服务提供者都不了解，非常容易作出不利于自身的金融决策，加之部分消费者缺乏正确的事后维权的能力，使消费者对数字时代的金融产品和服务产生抵触。因此，随着金融产品和服务、金融法律关系的复杂化以及双方信息不对称问题的加剧，有必要提升消费者金融能力，使之在参与金融交易时有能力理解交易标的，并懂得发生纠纷后的正当维权途径，在一定程度上减少购买不适当的金融产品或受到金融诈骗的侵害。提升国民金融能力能够助力数字金融更好发展和广泛应用，通过提升国民金融能力能够实现对数字金融发展中各类问题的有效防范和市场化引导，进一步优化数字金融发展环境。

（三）数字时代提升金融消费者保护监管有效性的重要手段

在金融消费者保护领域，金融监管机构所保护的法益及于金融消费者整体，旨在通过调控或监管手段维护和促进法域内金融消费者整体福祉，发挥金融对实体经济的促进作用。而侵害消费者权益方面具体案例的处置，可以帮助监管机构发现并查处金融机构的违法行为，改进和完善金融监管规则。但是监管机构作为行政机关不得越权干预金融消费者与金融机构之间的民事法律关系，监管机构介入金融消费者与金融机构之间的民事纠纷是非常有限的。因此，应当让金融消费者知晓正确的维权途径，否则既影响社会秩序和公平正义的实现，又使金融消费者合法权益难以得到有效保护。国民金融能力是提高金融消费者保护监管有效性的重要手段。金融监管机构可以通过统筹监管范围内的金融机构开展针对性的金融教育活动，培养消费者的金融能力，掌握适当的风险识别能力和正确的维权知识。这样可以通过预防性保护措施，从源头上减少侵权行为的发生，进而通过市场机制发挥作用，有效减轻监管机构介入具体民事纠纷的压力。党的十九届四中全会提出："强化消费者权益保护，探索建立集体诉讼制度。"这就为在制度上减少消费者起诉金融机构违法行为的成本提供了重要依据，要形成从民事赔偿到行政处罚再到刑事责任追究的完整的责任追究链条，不断提高金融机构的违法违规成本，使其不能从违法行为中获利，有效保障金融消费者合法权益。

（四）数字时代推进金融治理能力现代化的重要内容

金融是现代经济的核心、实体经济的血脉，健全现代金融体系是推进国家治理体系现代化的重要一环。党的十八大首次提出建设现代金融体系这个目标，党的十九届四中全会进一步提出，健全具有高度适应性、竞争力、普惠性的现代金融体系。发展数字时代的国民金融能力是建设现代金融体系、提升金融治理能力现代化的重要内容。无论是金融支持实体经济、防范和化解金融风险，还是深化金融改革、加强金融监管，都离不开金融消费权益保护和提升国民金融能力的"润滑剂"和"减压阀"的特殊作用。在金融支持实体经济方面，核心在于降低融资成本，针对新经济轻资产、高风险、盈利不稳定等特点，通过重视金融科技的作用、完善差异化金融机构体系、发展普惠金融等措施，引导金融服务实体经济。在防范和化解金融风险方面，要通过加强金融消费者教育，有效提升国民金融能力，使金融消费者尊重市场规律、践行契约精神，增强对风险的认知和自我保护，合理运用金融产品和服务，实现财富的保值增值和对美好生活的向往，正确接受打破刚性兑付的市场规律和法律后果，自觉远离非法金融活动。在加强金融监管和深化金融改革方面，公众可以通过参与金融法律法规规章征求意见、举报金融违法违规行为、依法理性投诉维权等方式深度参与国家金融治理体系，促进完善金融监管制度、及时查处金融违法行为、有效化解金融纠纷，运用制度威力应对风险事件的冲击，推进金融治理体系和治理能力现代化。

第三节　金融科技与国民金融能力发展

一、金融科技的发展与特征

金融科技是技术驱动的金融创新[1]，旨在运用现代科技成果改造或创新金融产品、经营模式、业务流程等，推动金融发展提质增效。[2]从广义来看，所有体现"金融和科技融合"的产品、服务、模式、流

---

[1] 该定义由金融稳定理事会（FSB）于2016年提出，目前已成为全球共识。
[2]《金融科技（FinTech）发展规划（2019—2021年）》，中国人民银行2019年8月发布。

程等都属于金融科技范畴；从狭义来看，在不同情境下，金融科技可以特指金融科技公司、金融科技技术、金融科技业务、金融科技服务等。在谈论金融科技本质时，应当基于特定视角。从金融从业者及监管者视角看，金融科技本质为金融；从技术提供商视角看，金融科技本质为科技。在研究及运用金融科技的过程中，应当突出目标导向，结合具体业务及具体客群，利用"技术＋数据"的驱动方式，实现金融产品、服务、模式及流程创新。在新一轮科技革命和产业变革的背景下，金融科技蓬勃发展，人工智能、大数据、云计算、物联网等信息技术与金融业务深度融合，为金融发展提供了源源不断的创新活力。金融科技发展主要呈现出以下特征。

（一）金融科技的业务范畴及服务人群不断拓展

互联网金融是传统金融机构与互联网企业利用互联网技术和信息通信技术实现资金融通、支付、投资和信息中介服务的金融业务模式。金融科技是互联网金融基础上的发展升级。与互联网金融相比，金融科技在技术手段上实现了提升，以大数据、云计算、人工智能、区块链、物联网等创新技术替代传统互联网技术。同时，金融科技还在业务范畴及服务人群上实现了新的突破。一方面，在业务范畴上，互联网支付与网络借贷是互联网金融较为成熟的两大模式。相比而言，金融科技的业务范畴不再局限于互联网支付、网络借贷、股权众筹融资等领域，还向征信、投资、理财、保险、贵金属、外汇等金融业务拓展。另一方面，在服务人群上，长尾人群是互联网金融服务的主要对象。相比而言，除了长尾人群，金融科技还面向中产阶层及高端人群提供智能投顾、智能投保、智能理财等服务。由此可见，金融科技的业务范畴更广、服务人群更多，这有利于金融从业机构基于金融科技实现全面转型升级。

（二）金融机构与互联网企业加强金融科技合作应用

我国金融管理部门在互联网金融和金融科技发展过程中，一向对金融机构与互联网企业开展合作、建立良好的金融生态环境和产业链持鼓励和支持态度。在金融管理部门的支持引导和市场驱动下，金融机构与互联网企业的金融科技合作形成了三种主要模式：第一种模式是互联网企业获得金融牌照，基于互联网生态圈发展金融科技。第二种模式是金融机构搭建互联网平台，实现自身金融科技布局。第三种模式是互联网企业与金融机构合作，共同应用金融科技。当前，第三种模式已经成为主流模式。2017 年 3 月 28 日，中国建设银行与阿里巴巴、蚂蚁金服签署三方战略合作协议。2017 年 6 月 16 日，中国工商银行与京东集团开展全面合作。2017 年 6 月 20 日，中国农业银行与百度建立战略合作关系。2017 年 6 月 22 日，中国银行与腾讯组建金融科技联合实验室。2017 年 8 月 22 日，交通银行与苏宁集团共同设立"交行——苏宁智慧金融研究院"。与此同时，股份制银行也纷纷加入合作潮流。2017 年 7 月，中国民生银行相继与中国联通、小米科技、搜狐集团等签署战略协议，开启全行业合作。除了银行业金融机构之外，其他非银行金融机构也围绕金融科技细分领域加快对外合作步伐。2017 年 6 月 13 日，华夏基金与微软亚洲研究院举办战略合作发布会，共同推进"人工智能 + 金融"的研究实践。事实上，传统金融机构与互联网机构"由竞转合"是伴随互联网金融发展进程而逐步演进的，在金融科技时代这种"由竞转合"的趋势持续深化。

（三）金融科技已经得到金融管理部门及行业自律组织高度重视

与互联网金融发展经历的"先放后管"不同，金融科技在发展初期即受到金融管理部门的密切关注。2017 年 5 月 15 日，中国人民银行金融科技委员会宣布成立，旨在加强金融科技工作的研究规划和统筹协调。2017 年 5 月 19 日，中国互联网金融协会成立了金融科技发展与研究工作组，该工作组致力于为金融科技发展规划、行业管理、标准研发等提供政策建议和研究参考。2017 年 5 月 25 日，由从事金融科技业务的企事业单位、研究机构及专业人士组成的中国支付清算协会金融科技专业委员会成立。2019 年 8 月 19 日，中国人民银行发布了《金融科技（FinTech）发展规划（2019—2021 年）》，明确了金融科技发展形势、总体要求、重点任务、保障措施，进一步健全了我国金融科技发展的政策体系。

二、金融科技发展对国民金融能力的挑战

近年来，人工智能、大数据、云计算、物联网等技术应用于金融领域，智能金融、开放银行、直销银行的金融产品创新、业务模式革新层出不穷，信息技术由支撑业务向引领业务创新转变，科技成为践行普惠金融、催生消费需求、发展数字经济的新动力。金融科技的快速发展促使金融业务边界逐渐模糊，金融风险传导突破时空限制，给货币政策、金融市场、金融稳定、金融监管等带来了新挑战，这些挑战在金融消费者权益保护和国民金融能力发展方面表现得尤为突出。相比于传统金融，金融科技降低了金融活动的参与门槛、扩大了金融的包容度，以较低的交易成本与便捷的交易方式使个体的个性化、碎片化的金融需求得以充分地释放和满足，因而吸引了大量普通金融消费者的关注。然而，普通金融消费者通常为无经验投资者，面对金融科技这一创新型事物，经常会出现风险认知不充分、风险态度以及投资决策不一致或者决策失误的情况。同时，金融科技"虚拟化"的交

易特征使信息更加不对称，普通金融消费者明显处于弱势地位，这极容易引发道德风险或信用风险。而法律法规的不健全、监管制度的落后以及较高的维权成本又使得金融纠纷难以得到及时、有效解决。在这种背景下，消费者必须为自身的投资决策承担更多的责任。金融科技发展应当坚持守正创新、安全可控、普惠民生、开放共赢的原则。立足有效提升国民金融能力和满足广大人民群众美好生活需要，将金融能力发展有机融入金融服务模式和金融产品供给，充分发挥科技成果在拓展服务渠道、扩大服务覆盖面、提升金融知识普及效果等方面的作用，推动金融服务和金融教育"无处不在、无微不至"，为市场主体和人民群众提供更便捷、更普惠、更优质的金融产品和服务。

（一）人工智能

目前，人工智能在金融领域内提供的服务主要包括智能支付、智能理赔、智能客服、智能营销、智能投顾、智能投研等。虽然这些服务还处于早期发展阶段，但是，其优势却越来越明显，既有利于为金融消费者提供优质的金融服务，实现真正的普惠化；也有利于金融机构降低运营成本，增强主动式风险管控能力。2018 年，平安集团推出了平安一账通，它是一款综合金融理财平台，通过一账通，仅需一个账户，就可管理所有平安账户和 50 多个其他机构的网上账户，满足保险、银行、投资等多种理财需求。2019 年 2 月，花旗银行推出了账单提醒机器人，为大量客户提供了账单还款提醒服务，帮助客户减少或避免因账单逾期而产生的罚金乃至不良记录。2019 年 7 月，花旗银行又推出了专门用于办理分期业务的机器人服务。Visa 也推出了极速应对金融欺诈的 Visa 高级授权服务，通过利用人工智能技术，可对 Visa 全球支付网络 VisaNet 上的交易授权情况进行实时监测和评估，帮助金融机构及时识别并应对新型的欺诈模式及趋势。

对人工智能服务进行深入探究，尤其是以指纹识别、声纹识别、人脸识别、虹膜识别等为主要手段的智能支付服务，以及通过广泛收集的客户消费、交易、社交、网络浏览等行为数据，利用深度学习相关算法进行模型构建，为金融消费者提供智能营销服务，就会发现人工智能活动的本质是通过输入海量的数据信息，对广泛联系的数据信息进行筛选、分析和归纳，并借此获得传统数据信息应用方式所无法带来的经济、社会价值的新的数据应用模式。在金融领域的交易活动中，人工智能犹如一把"双刃剑"：金融机构掌握着金融消费者的个人身份识别、经济状况、消费能力、社交活动和投资喜好等大量信息，使得金融消费者在享受人工智能带来的便捷性、个性化和精准化服务的同时，面临着隐私权和数据信息安全等方面的重大威胁。[①]

一是信息和隐私泄露风险。人脸识别、语音识别等人工智能技术以及大数据在金融行业的落地应用，势必要求金融机构对大量金融用户的身份信息、特征信息、行为信息进行采集、整理和利用，这些信息具有较强的敏感性、唯一性，一旦泄露必将对用户的隐私造成侵害，并可能使用户的其他金融和非金融应用一并受到威胁。

二是系统性风险。人工智能技术的应用对推动证券交易、授信决策、投资管理、资本优化等金融活动实现自动化、智能化有着积极的作用，极大地提升了资金流转和交易的效率，但人工智能算法基于市场形势的同质化判断也容易导致羊群效应，加剧市场风险的扩散和蔓延，影响金融市场稳定运行。

三是技术风险。人工智能技术的复杂度高，涉及参数变量多，运

---

① 中国人民银行武汉分行办公室课题组. 人工智能在金融领域的应用及应对[J]. 武汉金融，2016（7）.

算过程复杂，算法的判断、预测结果大部分与实际情况相符或吻合，但也存在部分判断、预测结果并不准确的情况，这会给相应的金融业务带来不确定性。此外，人工智能通常基于历史数据构建研判模型，当发生重大规则转变或政策转折时，由于历史数据与未来形势的关联度不高，模型的预测效果会大打折扣。人工智能系统还具有决策透明度低、对用户的可解释性差等不足。

因此，为有效应对这些问题和挑战，稳步应用人工智能，我们要加强金融领域人工智能应用潜在风险研判和防范，充分提示人工智能算法的固有缺陷和使用风险，明确交易流程，强化留痕管理，严格监控智能管理账户的交易头寸、风险余额、交易种类、价格权限等，对于因违法违规或管理不当造成客户损失的，人工智能应用方应当依法承担赔偿责任。要完善人工智能金融应用的政策评估、风险防控、应急处置等配套措施，健全人工智能金融应用安全监测预警机制，研究制定人工智能金融应用监管规则，强化智能化金融工具安全认证，加强信息安全风险防控，确保把人工智能金融应用规制在安全可控范围内。

（二）大数据

大数据是一门科学技术，也是一种全新的商业模式，更代表着一种颠覆性的思维方式。通过对大量客户数据的分析，可以有效提升客户体验。金融业的大数据应用主要体现在四个方面：（1）客户画像应用。其中，个人客户画像包括人口统计学特征、消费能力数据、兴趣数据、风险偏好等。企业客户画像包括企业的生产、流通、运营、财务、销售和客户数据、相关产业链上下游等数据。金融机构不仅要考虑自身业务所采集到的数据，而且要考虑整合外部更多的数据，以扩展对客户的了解，包括客户在社交媒体上的行为数据、客户在电商网站的交易数据、企业客户的产业链上下游数据等。（2）精准营销。包括实时营销（根据客户的实时状态来进行营销）、交叉营销（不同业务或产品的交叉推荐）、个性化推荐、客户生命周期管理（包括新客户获取、客户防流失和客户赢回）等。（3）风险管理。包括中小企业贷款风险评估，实时欺诈交易识别和反洗钱分析等。（4）营运优化。一是市场和渠道分析优化。金融机构可以通过大数据监控不同市场推广渠道，尤其是网络渠道推广的质量，从而进行合作渠道的调整和优化。二是产品和服务优化。金融机构可以将客户行为转化为信息流，并从中分析客户的个性特征和风险偏好，智能化分析和预测客户需求。三是舆情分析。金融机构可以通过爬虫技术抓取社区、论坛和微博上关于金融机构以及产品和服务的相关信息，并通过自然语言处理技术进行正负面判断，尤其是能够及时发现和处理问题。

在大数据环境下，金融业的大数据应用面临着越来越多的威胁和挑战。一是客户画像不当使用会造成歧视，乃至金融排斥。例如，有的机构采用大数据对消费者进行歧视性定价，导致低收入群体反而购买了高价的产品和服务。二是信息安全风险隐患。例如，非授权访问、信息泄露或丢失、网络基础设施传输过程中数据完整性可能遭到破坏、拒绝服务攻击、网络病毒传播等。

持续深化大数据在金融领域的应用，必须有效管控相关风险。要防止大数据的不当使用，采取有效措施限制金融排斥。要加强数据全流程管理，防范信息泄露，确保数据安全。要依法合规开展数据采集工作，采取有效手段确保数据采集安全可靠，避免与履职无关的数据采集。按照专事专用原则使用数据，在未经数据管理方批准下，不得直接或以改变数据形式等方式将数据提供给第三方，也不得用于或变相用于其他目的。禁止擅自留存未经授权的数据，授权存储的数据应按照相关规定确定数据保存期限并采取安全防护措施。对于超出数据保存期限的数据，应当及时删除和销毁。数据销毁应采用符合标准的设备和方法，确保数据无法还原。销毁过程应当履行清点、登记、审批等手续。

（三）云计算

云计算是分布式处理、并行处理和网格计算的发展，或者说是这些计算机科学概念的商业实现，是一种基于互联网的超级计算模式，其原理类似于网格计算。它把存储在众多分布式计算机中的大量数据和处理器的资源整合在一起协同工作。作为一种新兴的共享基础架构的方法，它可以将巨大的系统池连接在一起以提供各种服务。这使得企业能够将资源切换到需要的应用上，根据需求访问计算机和存储系统[1]。虽然云计算已成为金融行业发展的助推器，但是正如硬币有正反面一样，云计算的应用也为金融领域带来了新的风险。一是存在数据安全风险。金融机构将业务数据迁移至云上，意味着云提供者需要对数据的安全性负责。数据的安全性与云提供者的资质息息相关，一方面，由于云提供者具有访问用户数据的特权，当云提供者是独立于金融机构的第三方时，就存在云提供者非法获取金融机构业务数据的风险；另一方面，作为信息科技公司的云提供者存在倒闭的可能性，一旦"云"公司倒闭，与该公司存在业务关系的金融机构也将因此受到严重影响。二是金融机构运营管理的控制权被削弱。金融机构作为云用户无权管理和控制云底层基础设施，对云上的某些应用程序仅具备有限的管理控制权，若云提供者不遵守其服务协议，将威胁金融机构部署于云上的解决方案的质量。此外，云提供者与金融机构间一般

---

[1] 龚强. 云计算应用展望与思考[J]. 信息技术，2013（1）.

存在较为遥远的地理距离，而金融机构需要经由网络接入云环境，当网络出现延迟、波动等异常情况时将影响金融机构相关业务的正常运营，较之机构内部管理控制 IT 资源的传统模式，金融机构对 IT 资源的管理控制权被削弱。

因此，要统筹规划云计算在金融领域的应用，引导金融机构探索与互联网交易特征相适应、与金融信息安全要求相匹配的云计算解决方案，搭建安全可控的金融行业云服务平台，构建集中式与分布式协调发展的信息基础设施架构。强化云计算安全技术研究与应用，加强服务外包风险管控，防范云计算环境下的金融风险，确保金融领域云服务安全可控。

（四）物联网

物联网金融使金融服务由面向"人"延伸到整个社会物理世界，可以实现商业网络、服务网络的金融网络融合，进而真正实现金融服务的自动化与智能化[①]。物联网金融将服务融入物理世界，可创造出很多商业模式，推动金融业产生重大变革，但物联网金融发展与物联网在其他领域的应用一样，其安全问题不容忽视。当前，物联网技术已进入全面实践应用的新阶段，正深刻改变传统产业和人类生产生活方式，然而随着近年来物联网安全攻击事件日益频发，对用户隐私、基础网络环境的安全冲击影响也越来越突出。在智慧城市领域，2014年西班牙三大主要供电服务商超过 30% 的智能电表被检测发现存在严重安全漏洞，入侵者可利用该漏洞进行电费欺诈，甚至关闭电路系统。在工业物联网领域，安全攻击事件则危害更大，2018 年台积电生产基地被攻击事件、2017 年的勒索病毒事件、2015 年的乌克兰大规模停

---

① 武晓钊. 物联网时代的金融服务与创新[J]. 中国流通经济，2013（7）.

电事件都使目标工业联网设备与系统遭受重创。

物联网是以"云、管、端"为主的三层基础网络架构，与传统互联网相比较，物联网的信息安全问题更加复杂。一是终端层安全防护能力差异化较大。二是网络层结构复杂，通信协议安全性差。在一些特殊物联网环境里，传输的信息数据仅采用简单加密甚至明文传输，黑客通过破解通信传输协议，即可读取传输的数据，并进行篡改、屏蔽等操作。三是物联网应用通常是将智能设备通过网络连接到云端，然后借助 APP 与云端进行信息交互，从而实现对设备的远程管理。目前，云安全技术水平已经日趋成熟，而更多的安全威胁往往来自内部管理或外部渗透。物联网在金融领域的运用也存在上述风险隐患，必须采取综合措施有效解决物联网网络信息安全问题。一是建立金融信息安全风险防控长效机制。定期组织对易发生金融信息泄露的环节进行风险排查，保障数据资产安全。二是要加强金融信息安全防护，遵循合法、合理原则，选择符合国家及金融行业标准的安全控件、终端设备等产品进行金融信息采集和处理，防范金融信息集中泄露风险。三是强化金融信息保护内部控制管理，健全金融信息安全管理制度，明确相关岗位和人员的管理责任，定期开展金融信息安全内部设计与外部安全评估，防止信息泄露和滥用。此外，要提高金融消费者和金融机构网络信息安全意识，在使用物联网金融产品的同时要注重风险防范。

（五）数据聚合器

数据聚合是指以数字化方式访问客户财务信息，使金融机构能够比使用传统方法更快地满足客户的需求，并帮助他们改善自身财务状况。数据聚合改变金融行业消费者体验的方式有三种。一是借贷。数据聚合使贷方能够在几分钟内检索最新的交易历史，并验证申请人的收入和资产，从而进行信贷决策。二是指导。数据聚合集合了客户的所有财务数据，清楚确定了客户的资产、负债、收入和费用。这使财务顾问可以花费更多的时间给客户提出建议，而不是浪费时间了解客户的财务状况并收集数据。三是预算。适当的预算要求消费者充分了解财务状况，包括收入、费用和债务。数据聚合将此数据编译集成到某一个位置，使用数据聚合来帮助消费者自我查看其收入支出等财务交易情况，并为未来支出制定计划，这有助于消费者养成更好的财务习惯和技能，同时提高整体财务意识。

数据聚合器在金融领域的发展应用，搭建起金融机构与金融服务对象之间的桥梁纽带，通过赋能金融机构与金融服务对象，将金融机构的服务能力传导给金融服务对象，把金融服务对象对金融产品和服务的需求传导给金融机构，实现金融机构与金融服务对象之间更好的沟通、互动、交流，成为正规金融触达"中小微弱"群体的"延长线"，有效助力普惠金融发展。与此同时，也需要更加关注在信息收集、共享、应用过程中的信息安全、消费者隐私及资金安全问题，防范信息泄露、滥用的风险和资金安全风险，平衡好数据聚合过程中交易便利和权益保护的关系。一是要更加注重信息安全。数据聚合各方主体都要强化信息安全意识和依法合规意识，按照"最少、必需"的原则，严格控制信息的收集、共享和应用范围，在整个业务链条中都要嵌入信息保护措施，有效防控信息泄露和信息滥用。二是要更加注重资金安全。数据聚合产品跨界合作多，金融服务链条长，委托代理关系复杂，容易引发资金安全风险，要按照"实质重于形式"的原则，严格限制各参与方的资金支配权限，切实保障金融消费者资金安全。三是更加注重数据聚合与提升信息主体金融能力的融合发展。要在信息主体使用数据聚合产品的过程中，普及有关金融知识，提升消费者金融素养，养成更好的财务习惯和金融技能，使更多的金融产品和服务能够为社会公众所理解和接受，实现数据聚合广泛应用与国民金融能力提升相互促进。

三、国民金融能力对金融科技发展的促进作用

金融科技的发展，丰富了金融教育的内容和形式。从内容看，传统公众金融教育的内容主要包括货币、银行存贷汇业务、银行卡等，由于智能手机尚未普及，使用信用卡的人数也相对有限，公众金融教育的内容也较为简单和有限；从形式上看，传统公众金融教育的形式主要是集中性广场式的宣传活动、在学校开设金融知识课程等，形式较为单一，趣味性不强，缺乏针对性和互动性。但是随着数字技术在金融系统得到了广泛的应用，从提供金融产品和服务的主体，到金融产品和服务本身，再到金融产品和服务的投放渠道，都发生了巨大的变化，公众金融教育的内容和形式更加丰富。数字普惠金融的发展使广大公众有机会接触广泛的数字金融服务和传统的金融服务，如手机银行的普及扩大了公众接触传统存贷款业务的机会，因此，金融消费者需要了解原本因覆盖范围较小而无需实施公众金融教育的相关金融产品和服务的知识。同时金融教育与数字技术的结合，使金融教育的形式更加多样化，呈现出线上线下、传统课堂与云课堂、传统媒体与新媒体有机融合的新特点。

金融教育是提升国民金融能力的主要手段，国民金融能力发展对金融教育的方式、内容，金融产品和服务，金融市场发展都提出了更高的要求，要满足这些要求，必须借助金融科技的力量。而金融科技正是数字时代实现国民金融能力跨越式发展的关键。与此同时，国民

金融能力也通过影响金融市场需求、提供智力支持来促进和保障金融科技健康发展。

（一）国民金融能力促进金融科技守正创新、行稳致远

金融科技是一把"双刃剑"，要趋利避害，合理利用，必须以服务实体经济和民生福祉为宗旨，在遵守法律法规和监管政策的前提下，借助现代科技手段提升金融服务效能和管理水平，将科技应用能力内化为金融竞争力，确保金融科技应用不偏离正确的方向，使创新成果更具生命力。金融科技的发展及其成果必须由金融消费者和市场来评判，具有较高金融能力的金融消费者有助于市场机制和监管体系更好地发挥作用，及时校准金融科技发展的偏差，确保其沿着正确的轨道发展。

（二）国民金融能力推动金融科技与金融业深度融合、协调发展

金融科技发展要聚焦优化金融服务模式和丰富金融产品供给，加强金融数据资源融合应用，推动金融与民生服务系统互联互通，将金融服务无缝融入实体经济各领域。国民金融能力发展有助于提升金融消费者对金融科技产品的接纳度和认可度，能够更好地运用金融科技产品满足自身生产生活需要，使金融产品更有市场，进而推动金融产品和服务向着智能化、精细化、多元化、场景化方向大步迈进，使金融科技成为践行普惠金融、发展数字经济的新动力。

（三）国民金融能力为金融科技发展提供人才和智力支持

我国金融科技发展不平衡不充分的问题依然存在，其中人才队伍是金融科技发展的一个突出短板。国民金融能力发展能够提升全社会

对金融科技工作的重视，吸引更多优秀人才投身到金融科技事业发展中去。同时，也能为培养和锻造优秀金融科技人才提供更好的社会基础，也就是说全民的金融能力提升能为金融科技发展提供更好的人力资源储备。在此基础上，要建立健全与金融市场相适应、有利于吸引和留住人才、激励和发展人才的薪酬和考核制度，激发人才创新创造活力，为金融科技发展提供强大的智力支持。

第四节　国民金融能力发展与金融消费权益保护

一、国民金融能力发展与金融机构行为规范

金融机构行为规范体系是由国家法律法规、金融管理部门的监管规则、标准化组织发布的国家标准和行业标准、行业组织的自律规范、金融机构内部的规章制度等构成的完整体系。金融机构行为规范一方面需要有完善的制度体系，另一方面需要有良好的执行和反馈机制。金融消费者与金融机构是金融市场的双方，金融消费者对金融机构的行为形成有效制约，是市场机制发挥作用的重要前提。金融市场出现市场失灵、引发金融风险和金融乱象，除了监管方面的原因之外，国民金融能力不足也是很重要的原因。消费者是金融机构交易对手方，对金融机构的冒险和激进行为不能形成有效制约，市场机制就不能很好地发挥作用。数字时代金融创新明显加快，新型金融产品和服务层

出不穷，这些新型金融产品和服务除了要接受的监管机构的监管沙盒试验和包容审慎监管之外，更重要的是要接受市场，特别是消费者的检验，也就是说最终要由消费者来评判这些产品和服务的优劣。这就要求消费者金融能力与此相适应、相匹配，具备评判和检验的能力。现行的金融机构消费者保护行为规范主要从内控制度、工作机制、教育宣传、全流程管控、适当性原则、保障财产安全、信息披露、金融营销宣传、诚信经营、依法催收、格式条款、外包管理、重大事项报告、个人金融信息保护等方面对金融机构提出要求，并通过监督检查、行业自律、社会监督等手段保障其有效执行，这既是监管推动，也是消费者、市场等方面共同作用的结果。从这个意义上说，国民金融能力发展有助于补齐制约金融业发展的突出短板，使市场机制更有效地发挥作用，进而推动进一步健全完善金融机构行为规范体系，促进和保障金融业持续健康发展。

二、国民金融能力发展与个人金融信息和金融隐私权保护

从互联网金融到金融科技，大数据正在不断广泛地运用于社会治理、商业目的及个人生活。大数据时代的到来，一方面便利商业交易和社会生活，另一方面也为金融消费者的数据隐私保护带来了巨大的挑战。过去，金融消费者与金融机构之间最重要的往来是资金，而在数字经济乃至大数据时代，金融消费者的数据和信息在金融机构以及其他企业市场竞争中的地位显著上升，甚至成为部分企业的核心竞争力或者成为可单独识别的金融产品。

从立法上看，国家对个人数据隐私的保护非常重视。民法典人格权编专门就隐私权和个人信息保护作出规定，将个人信息规定为"以电子或者其他方式记录的能够单独或者与其他信息结合识别特定自然

人的各种信息",扩张了个人信息的内涵,加强了个人信息的保护。从金融领域看,《国务院办公厅关于加强金融消费者权益保护工作的指导意见》和《中国人民银行金融消费者权益保护实施办法》都对保护个人金融信息安全做出了明确规定。此外,专门的个人信息保护立法也在持续推进中。

然而,在金融消费者的数据隐私保护方面还存在一些问题和不足,必须认真加以解决。一是金融消费者的数据隐私保护意识较为淡薄。特别是对于作为消费者的八大权利之一的信息安全权还不够了解,对信息的价值和重要性认识还不到位,对信息泄露可能造成的损害还缺乏清醒的认识。实践中,随意丢弃交易单据、透露手机号码、扫码关注陌生微信平台、点击不明链接等时有发生,有的消费者因为遭受了损失而吸取教训,但没有遭受损失的消费者一时还难以改掉不良习惯,给违法犯罪分子以可乘之机。二是面对数据隐私被侵犯的情况,金融消费者缺乏相应的维权意识和维权能力、维权渠道也不够畅通。一些消费者因维权救济手段少、证据缺、成本高、周期长、短期收益不明显而放弃了维权。加之行政监管资源的有限性和立法的滞后性,一些侵权行为没有得到及时有效查处。

国民金融能力的发展,可以进一步提升金融消费者的数据隐私保护意识以及权利遇到侵害时的维权能力,推动金融科技发展与个人金融信息和金融隐私权的保护朝着更加平衡、更可持续的方向发展。使监管、市场、机构等金融科技相关方共同加大金融信息保护力度,建立金融信息安全风险防控长效机制,重点关注身份、财产、账户、信息、交易等数据资产安全,在安全合规和保障消费者权益的前提下,合理应用新技术赋能金融产品与服务创新,在风险可控范围内开展新技术试点验证,不断提升金融产品安全水平。

三、国民金融能力发展与金融消费权益保护监管

加强金融消费者教育，提升国民金融素养和金融能力，既是对金融消费者的预防性保护，也是金融消费者保护工作的重要内容。近年来中国人民银行联合其他金融管理部门及教育部门，通过集中性金融知识普及教育活动与推进金融知识纳入国民教育体系相结合的方式，持续深化金融知识普及和金融消费者教育。在此基础上，定期开展消费者金融素养问卷调查和金融知识纳入国民教育体系有效性评估，跟踪了解金融素养改善情况及校园金融教育实施效果，进一步优化相关工作机制，推动国民的整体金融素养和金融能力得到进一步提升，金融消费权益保护监管和普惠金融事业实现高质量发展。

在国民金融能力发展与金融科技日新月异的大背景下，金融消费权益保护监管日益受到各方的关注。一方面，国民金融能力发展推动了监管科技的运用。防范化解金融风险特别是防止发生系统性金融风险，是金融工作的根本任务。随着金融科技的广泛应用，金融产业生态发生深刻变革，以数字金融为代表的金融服务模式创新层出不穷，国民金融能力进一步提升，这些都对金融消费者保护监管和防范化解金融风险提出了更高的要求，传统模式下事后的、手动的、基于传统结构性数据的监管模式已不能满足金融科技新业态下的金融监管和金融消费者保护需求，以降低合规成本、有效防范金融风险为目标的监管科技正在加速推动金融监管转型。金融管理部门积极运用监管科技手段，通过在健全金融机构行为规范体系、及时查处侵害金融消费者权益的行为、高效妥善处理金融消费者投诉、持续深化金融广告治理等方面综合施策，为金融消费者创造安全便捷的金融消费环境。另一方面，金融消费者作为金融治理体系的重要参与者，也在积极提升自身的金融能力，通过参与金融知识普及活动、投诉举报违法违规行为

等多种方式，更加积极有序地参与金融治理活动，发挥金融消费者对金融消费权益保护监管的促进作用，实现了国民金融能力发展与金融消费权益保护监管的良性互动。

第五节　国民金融能力发展与数字普惠金融

一、发展数字普惠金融是国民金融能力培养的重要路径

数字普惠金融泛指一切通过使用数字金融服务以促进普惠金融的行动。数字普惠金融具有共享、便捷、低成本、低门槛的特点，在金融的商业模式、产品服务、组织架构等方面产生了诸多创新，丰富了金融服务提供主体，延伸了金融服务触角，提高了市场竞争性，对解决普惠金融领域的诸多难题提供了新的思路和方法。[1] 数字普惠金融为被排斥在正规金融产品和服务之外的群体提供普惠金融服务的数字渠道，主要涵盖支付转账、存款信贷、保险和证券领域的数字渠道。数字普惠金融以"数字化＋普惠金融"的模式，降低金融服务门槛，促进信息流通和价格发现，促进金融业的高覆盖、低成本和可持续的发展。2016 年 9 月，G20 杭州峰会将数字普惠金融列为会议的重要议题，会议审议通过了《二十国集团数字普惠金融高级原则》，成为全球普惠金融发展的重要里程碑。《二十国集团数字普惠金融高级原则》

---

[1] 中国人民银行金融消费权益保护局数字普惠金融课题组. 中国数字普惠金融的探索与实践[N]. 金融时报，2019-10-14.

建议通过数字技术来促进普惠金融的发展，构建数字普惠金融的金融基础设施系统，利用数字技术在包容、效率和创新的"红利"，发挥数字技术在金融领域信息优势和成本优势，让经济、金融发展与技术进步的成果惠及更多群体，尤其是弱势群体，这对我国实现全面建设小康社会和打赢脱贫攻坚战具有重要的促进意义。

数字普惠金融利用数字技术挖掘普惠金融的潜力，通过降低成本和信息流动实现了"长尾效应"。虽然处于"长尾"部分的中低收入群体和中小企业的个体交易额较小，但众多的新型交易者可以汇总成极大的市场规模。但是，数字普惠金融发展也对金融消费者保护提出了新的挑战，突出表现在：一是数字技术的应用加剧了金融机构与金融消费者之间的信息不对称；二是数字普惠金融产品和服务链条较长、委托代理关系复杂，资金安全和个人信息安全存在风险隐患；三是作为普惠金融重点服务对象的老年人、农民、贫困人群等群体金融素养不高，主观上不信任新兴数字金融产品，有排斥抵触心理。而要解决上述问题，提升国民金融能力无疑是非常重要的一项举措，要加强数字普惠金融知识宣传普及，提升消费者数字金融素养和防风险能力，为数字普惠金融发展营造良好环境。同时，发展数字普惠金融的过程，也是金融产品和服务更加丰富、金融产品和服务覆盖的群体更加广泛、金融产品和服务更加融入日常生活的过程，这个过程当然也是金融知识普及和金融消费者教育、提升国民金融能力的过程，金融消费者只有亲身去体验金融产品和服务，才会对相关的金融知识和技能产生浓厚的兴趣，才有动力去了解和掌握更多金融知识，更加依法理性地去反映诉求、维护在金融交易中的合法权益，进而全方位提升自身整体金融能力。从这个角度看，发展数字普惠金融是国民金融能力培养的重要路径。

二、国民金融能力发展为数字普惠金融发展提供重要支撑

数字技术能够为无法获得金融服务的群体以可负担的方式提供金融服务，如教育储蓄、支付、获取小额商业贷款、汇款以及购买保险等。发展数字普惠金融必须要有坚实的群众基础和广阔的市场前景，也就是说要有大量的高素质的消费者愿意选择数字普惠金融相关的产品和服务。着力加强消费者数字技术基础知识和金融知识的普及，提升国民金融能力，能够为数字普惠金融发展提供有利条件和重要支撑。从目前来看，国民金融能力不够、金融素养不足依然是制约数字普惠金融进一步发展的重要因素。在数字经济时代，培养金融消费者的金融能力，帮助金融消费者获取相关金融知识、提升识别和防范风险以及正确、及时、有效采取维权措施的能力，可以有效缓解数字普惠金融向前发展而发生影响金融安全乃至社会秩序的系统性风险。金融管理部门和服务提供商必须采取措施，确保用户能够拥有并充分认识数字金融工具，提供简易指引告知用户如何操作，确保用户明晰如何获取更多信息以及相关救济权利和渠道，帮助消费者理解数字金融服务的特征、好处、风险和成本，以及保护个人账户和信息安全的必要性。同时，要充分利用数字技术开发金融知识普及项目，为消费者提供使用数字金融服务所需的知识，使消费者能够理解数字金融服务并对其产生信心[1]。例如，在消费者需要做决定时及时发送短信问题和信息，开发帮助家长教育孩子理财的各类游戏等。只有持续加强金融知识普及和金融消费者教育，全面提升国民金融能力，才能避免数字技术可能在金融服务可得性和使用度方面导致更广泛的不公平现象，也才能推动数字普惠金融更加稳健、高效发展。

---

[1]《二十国集团数字普惠金融高级原则》。

三、发展数字普惠金融要更加注重金融消费者保护和金融能力发展

普惠金融，含有包容性发展之义。现有的普惠金融理论主要认为普惠金融发展主要的功能在于降低金融产品和服务的成本和门槛，提高金融的可获得性。但是随着数字普惠金融的发展，金融消费者保护和金融能力发展本身也应当作为普惠金融发展为公众带来的福祉之一，成为对于金融消费者而言的一种无形财富。从"包容性发展"的角度出发，普惠金融帮助不同群体享有均等的机会受益于经济和金融的发展。在信息透明和零成本的背景下，金融消费者自有资金规模和资金实力等物质因素对其享有均等受益机会的权利的影响将逐步下降，而金融能力高低的影响则不断上升。因此从普惠金融（尤其是数字普惠金融）的本质和宗旨看，发展数字普惠金融要更加注重金融消费者保护和金融能力发展。

发展数字普惠金融要落实"以人民为中心"的发展思想，大力倡导负责任金融的理念，落实金融管理部门、金融机构、金融消费者各方的责任和义务。金融管理部门要推动完善保护数字普惠金融消费者权益的法律法规、行业标准及自律规则，加强金融消费者教育和金融知识普及，探索构建数字金融服务消费者保护框架，为金融消费者提供高效、便捷、专业的投诉和救济渠道，并定期披露有关投诉信息。金融机构要严格落实各项监管要求，在数据合理授权、安全可靠的前提下，对数据进行深度挖掘和融合应用。要加强数字普惠金融产品和服务开发以及人员培训，强化信息披露和风险提示，进一步完善工作机制、优化业务流程，特别是要在数字普惠金融发展过程中加强对金融消费者权益的保护。金融消费者要加强数字普惠金融相关知识的学习，增强金融能力和信心，有效防范相关风险，主动了解和掌握数字

普惠金融相关技能，并使用相关产品和服务，满足自身多元化金融需求。

第六节　国民金融能力发展与智能金融

　　智能金融即人工智能与金融的全面融合，以人工智能、大数据、云计算、区块链等高新科技为核心要素，全面赋能金融机构，提升金融机构的服务效率，拓展金融服务的广度和深度，使全社会都能获得平等、高效、专业的金融服务，实现金融服务的智能化、个性化、定制化。2017年7月国务院印发的《新一代人工智能发展规划》提出："推动人工智能与各行业融合创新，在制造、农业、物流、金融、商务、家居等重点行业和领域开展人工智能应用试点示范，推动人工智能规模化应用，全面提升产业发展智能化水平。"同时，该规划还进一步提出："建立金融大数据系统，提升金融多媒体数据处理与理解能力。创新智能金融产品和服务，发展金融新业态。鼓励金融行业应用智能客服、智能监控等技术和装备。建立金融风险智能预警与防控系统。"该规划对发展智能金融作出具体部署，智能金融迎来了发展的重要战略机遇期。

　　目前，智能金融已广泛应用于智能金融教育、智能获客、身份识别、大数据风控、智能投顾、智能客服、金融云、区块链等领域，其中智能金融教育与国民金融能力发展的关系最为密切。智能金融教育是金融教育与大数据和人工智能的结合，智能金融教育在实践过程中具有常态化、精准化、定制化的特征，体现了以金融消费者为中心的交互式学习的教育理念，可以作为集中性金融知识普及活动的重要补充。现阶段，部分金融机构通过在日常业务中收集的金融消费者数据进行分析，运用人工智能，向金融消费者精准推送智能化、定制化的金融信息，通过这种方式可以向金融消费者普及有关金融知识，实现金融知识到金融消费者的有效触达，我们称之为主动型智能金融教育。在智能金融教育方面，还有一种金融知识普及方式，是由金融机构根据相应的金融知识库、金融消费纠纷案例和相关金融法律法规，开发出智能的金融教育系统和人工智能辅助性金融决策工具，可以称之为被动型智能金融教育。党的十九届四中全会提出，"发挥网络教育和人工智能优势，创新教育和学习方式，加快发展面向每个人、适合每个人、更加开放灵活的教育体系，建设学习型社会。"这为新时代发展智能金融教育、提升国民金融能力指明了方向。

一、合理借助主动型智能金融教育提升国民金融能力

金融知识与能力，特别是数字化金融知识与能力已经成为 21 世纪必备的生活技能之一。科学设计的金融教育能够提高金融知识与能力，增进消费者对于数字金融产品与服务的了解、信任以及恰当的使用。因此，普及数字化金融教育是保护金融消费者长远和根本利益的重要举措。在主动型智能金融教育中，教育主体居于主动地位，金融消费者居于被动地位，即金融机构或其他非金融实体在监管机构的指导和利益相关者的监督下，利用所收集的金融消费者个人信息，通过大数据分析的手段，根据其自身设定的要求或在进行特定的操作后，向其定期推送相关的金融教育信息，进一步便利和畅通金融消费者获取金融知识的渠道，更好助推国民金融能力发展。在发展主动型的智能金

融教育或金融机构自主研发并开展金融知识智能推送中，尤其要注意个人数据或金融数据收集的合规性问题。目前，全国人大常委会以及外交部、网信办、公安部、工信部、中国人民银行、全国信息安全标准化技术委员会等部门或组织先后出台了一系列有关个人信息保护的法律法规及规范性文件，涵盖的领域包括基本法律和国家战略、互联网信息内容管理制度、网络安全登记保护制度、关键信息设施安全保护制度、个人信息和重要数据保护制度、网络产品和服务管理制度、网络安全事件管理制度等，但个人金融数据保护的法律制度仍需进一步完善和细化，特别是需要加快出台专门法规。面对未来智能金融教育进一步发展对个人金融信息保护提出的挑战，一方面，监管机构要更注重相关金融数据收集、使用、管理和对外提供的规范性。另一方面，要采取有效措施提高金融消费者保护数据隐私的意识和能力。一是要提升金融消费者的数据隐私保护意识，使其认识到个人数据隐私的重要性。二是要向金融消费者普及保护数据隐私的方法和技巧。三是要畅通金融消费者的维权渠道、提升依法理性维权能力，及时处理各类投诉举报事项，坚决维护金融消费者合法权益。四是要加大对违法违规行为的处罚力度，使其违法成本高于违法收益，有效遏制金融服务提供者的数据隐私侵权行为，在维护金融消费者权益的同时使违法违规者得到应有的惩戒。

二、充分运用被动型智能金融教育促进国民金融能力发展

被动型智能金融教育与主动型智能金融教育相反，金融消费者居于主动地位，教育主体居于被动地位，由金融机构根据相应的金融知识库、金融消费纠纷案例和相关金融法律法规，开发出智能的金融教育系统和人工智能辅助性金融决策工具，助力提升国民金融能力。相

较于主动型智能金融教育，被动型智能金融教育违反数据合规和侵犯个人隐私的风险相对较小，因此较主动型智能金融教育优势更加明显，更应当充分发挥其优势作用。

由于技术发展的限制，被动型智能金融教育在国内运用的广度和深度还有较大的提升空间，这也意味着被动型智能金融教育拥有更为广阔的发展前景。花旗银行推出的智能语音机器人实现了流畅交互和智能应答，大大提高了客户体验和满意度。在此基础上，花旗银行又推出了账单提醒机器人，为大量客户提供了账单还款提醒服务，帮助客户减少或避免因账单逾期而产生的罚金乃至不良记录。由此可见，随着数字技术的进一步发展，开展被动型的智能金融教育的技术条件逐渐成熟。金融管理部门可以指导相关行业协会加强其智能金融教育职能，吸引具备一定技术实力的金融机构或非金融企业参与相应智能金融咨询工具的技术开发，加强基础数据库的建设和管理。基础数据库包括相应的基础知识、法律法规、司法和调解案例，可以先开发金融知识咨询功能，再开发法律政策了解功能，最后开发案件了解和咨询功能。同时，基础数据库还应保持动态开放，及时加入新的金融知识、法律法规和相关案例。

三、推动国民金融能力与智能金融协调发展

智能金融的快速发展，拓展了金融服务群体，拓宽了金融服务空间，改进了金融服务设计和提供渠道，显著降低了金融服务成本。金融管理部门应鼓励和培育此类创新，利用其所产生的利益惠及大众，尤其是缺少金融服务支持的群体，推动国民金融能力持续提升。同时，也要认识到迅速发展的智能金融和数字技术创新所带来的风险和挑战，主要表现在以下几个方面：一是智能金融发展可能带来改变就

业结构、冲击法律与社会伦理、侵犯个人隐私等问题，将对政府管理、金融安全和社会稳定产生深远影响。二是市场失灵的风险。智能金融发展坚持市场主导，遵循市场规律，突出应用导向。但金融机构与金融消费者之间的地位不对等，市场机制发挥作用不够充分，存在市场失灵进而导致市场主体不负责任地实施违规行为和冒险行为的风险，一定程度上放大了智能金融的负面影响。三是智能金融发展可能造成新的金融排斥。实践中部分机构未能合理平衡智能金融与传统金融之间的关系，过度推广和使用智能金融替代传统金融服务，提高了老年人、农民、贫困人群等弱势群体获取金融服务的门槛，造成了新的金融排斥。

在大力发展智能金融的同时，必须高度重视其可能带来的风险和挑战，加强前瞻预防与约束引导，最大限度地降低风险，确保智能金融安全、可靠、可控发展。一是要加强与智能金融相关法律、伦理和社会问题的研究，建立健全保障智能金融健康发展的法律法规和政策框架，规范与智能金融应用相关的民事与刑事责任确认、隐私和产权保护、信息安全利用等事项，明确智能金融相关主体的权利、义务和责任。二是要加大智能金融应用领域金融消费者保护的力度。加强智能金融监管，促进智能金融行业和企业自律，加大对数据滥用、侵犯个人隐私等行为的惩处力度。对金融消费者运用智能金融产品和服务实行适度倾斜保护，坚定金融消费者对智能金融产品和服务的信心，落实金融机构对智能金融产品侵害消费者权益的赔偿责任，纠正市场失灵，限制市场主体不负责任的违规行为和冒险行为，使智能金融发展真正为金融消费者服务。三是合理平衡智能金融与传统金融之间的关系。合理推广和使用智能金融，尊重老年人、农民、贫困人群等弱势群体对传统金融服务的选择权，实现智能金融的包容性发展。

　　国民金融能力发展可以增强消费者对智能金融发展的信心，为智能金融发展创造良好的社会环境，并提供人才和智力支撑。智能金融发展也可以为发展国民金融能力提供技术支持，进一步增强消费者在金融业发展和智能金融发展应用中的获得感、幸福感和安全感，两者相辅相成、相互促进。推动智能金融与国民金融能力协调发展，必须落实金融机构、金融消费者、金融管理部门各方责任，形成整体合力。就金融机构而言，金融科技的发展与数据的应用将帮助其为客户提供高度个性化、自动化的服务，替代以零售产品为基础的传统业务模式，而这一模式能在何种程度上得以实现，则取决于金融机构能否在创新与风险管理之间实现合理平衡。金融机构要从战略、投资、文化、能力、基础设施及数据等方面提升金融业对人工智能的适应能力，金融机构高管要接受以人工智能为主导的文化，进而推动实现整个企业的变革。在此基础上，金融机构还应强化尊重消费者、尊重市场、尊重规则的理念，自觉接受金融管理部门和社会公众的监督，使基于人工智能的金融创新能够服务于实体经济、服务于防控金融风险、服务于增进金融消费者的福祉。就金融消费者而言，要加强智能金融方面金融知识的学习，掌握智能金融产品和服务的有关知识和技能，以正确的态度对待智能金融，切实提升金融能力，更好地运用智能金融为自身服务，助力实现对美好生活的向往。就金融管理部门而言，对智能金融发展要给予正确的引导，坚持包容审慎监管，发挥其正向积极作用，推动国民金融能力持续提升。要从加强个人信息保护和数据安全、减少信息不对称、纠正市场失灵和防范道德风险等方面健全完善监管规则，有效应对智能金融发展过程中的风险挑战，在提升国民金融能力的同时推动智能金融发展行稳致远。

第六章 / 国民金融能力发展：展望与策略

　　一般而言，国民金融能力是指一国消费者在既定社会经济环境条件下，作出明智决定并以最佳金融利益行事的能力。[①]在现代社会，金融已经渗透到人们生活的方方面面，与我们的衣食住行、生产生活密切相关。金融能力成为每个公民适应时代要求所应具备的关键能力，国民金融能力也成为衡量一个国家国民整体素质的重要维度，发展国民金融能力逐步进入世界上许多国家决策层、专家学者的议事日程和研究视野。

　　发展国民金融能力要遵循认知规律，坚持政府主导与社会公众参与相结合，着眼于维护国家安全和社会稳定、推动经济金融高质量发展、构建现代金融体系、有效防范金融风险、缩小贫富差距、促进普惠金融发展等目标要求，进一步优化国民金融能力发展环境，综合施策、精准发力，有效提升国民金融能力和素养，更好地发挥其在金融服务实体经济、防控金融风险、深化金融改革中的重要作用。

---

① 世界银行. 世界金融能力调查：金融能力的重要性与调查的作用[R]. 2013–08.

第一节　国民金融能力发展基本原则

相比其他能力建设，金融能力有其自身的特殊性。在现代社会，金融能力的发展水平往往用于衡量某一个体运用和使用金融资源实现自身全面发展的程度。金融产品和服务使用场景的特定性、使用技能的专业性意味着单靠个体自身来实现金融能力的快速提升在现实中难以行得通。此外，金融能力的发展受制于国家经济发展水平，过度超前的金融能力与欠发达的经济金融发展水平的矛盾，不仅不利于金融信心、态度的养成，甚至可能朝着相反的方向发展。基于金融能力的特殊性，国民金融能力发展工作的推进应遵循以下基本原则。

一、坚持政府主导

推进国民金融能力发展是金融安全的基础性工作，良好的金融能力有助于增加金融系统或金融市场的稳定性因素，对维护国家安全具有重要的意义。同时，配备教育基础设施、提供受教育机会、配置教育资源是国家保障公民受教育权的法定责任。基于此，国家在推进国民金融能力发展的过程中要发挥主导作用。许多国家的经验表明，强有力的组织机构是推动金融能力发展取得成功的重要条件。根据世界银行研究显示，大多数国家实施金融能力项目的牵头组织是公共机关，较为常见的是央行和其他金融机构。[①] 当然，强调金融能力发展中的国家责任，并非绝对意义否定社会主体参与国民金融能力发展相关工作的可能性，非政府公益组织、金融机构也应积极履行推进金融能力提升的有关社会责任。

二、符合发展实际

一切从实际出发，是做好国民金融能力发展工作的一项重要原则。在国民金融能力发展的目标设定上，既不能好高骛远，也不能历史倒退，要深入认识并积极结合中国经济金融发展的现实，在经济金融发展的初级阶段，由于需求与供给之间的鸿沟，过度超前的金融能力可能引发人们对现有金融体系或金融市场的灰心和绝望，反而不利于经济社会发展。在国民金融能力发展的项目推进上，要结合不同人群的学习方式，利用互联网、社交平台以及新兴媒体技术推进金融能力提升项目的实施，也要注意到老年人、偏远农村居民对现场金融知识宣传的特殊需要。

三、遵循认知规律

从教育的一般规律来看，能力的培养需要一个长期的过程，不可能一蹴而就。例如，穿衣、行走等一般性、普遍性生活技能，在日常生活中有大量学习和应用的场景，即便如此，小孩也是经历了先从爬，到站立，到走，最后到跑的渐进式过程。金融能力属于专门技能，其学习和使用的场景具有特定性，同时，由于金融自身的复杂性、专业

---

① 世界银行. 金融消费权益保护的良好经验（2017年版）[M]. 中国人民银行金融消费权益保护局，译，北京：中国金融出版社，2019：249.

性和风险性，对金融的理解和运用，需要人们具备一定水平的认知能力、鉴别能力和风险承受能力，鉴于此，金融能力发展相关工作的推进要正视人自身发展规律和教育规律，突出渐进式、由易到难的金融教育和技能培养。

四、突出可教时刻

金融能力发展应当利用所谓的"可教时刻"[①]，可教时刻包括准备上大学、大学期间、找工作、结婚、组建家庭、创业、买房买车、加入养老金计划、准备退休、退休后等时间段。在生活中，当公众面临重要的金融决策时其更容易接受金融教育。当今社会，每个个体在出生后难免会跟金融发生这样或那样的密切联系，婴幼儿期的诚信教育、青少年期的货币知识与金融教育、大学时期的助学贷款知识普及、购房购车时消费贷款与利率知识教育等，不同的年龄阶段会面临不同的金融需求，基于需求次生的有关知识或技能需求，在恰当且精准的时刻进行金融教育，金融能力发展会取得事半功倍的效果。

五、注重个体差异

人受制于先天身体素质和后天外部条件而表现出明显的差异。即便同一个人，在不同的年龄阶段也表现出不同的学习、记忆、辨别能力。金融能力发展目标在"人"，无法回避同时期不同人的个体差异，以及不同年龄阶段呈现的差异。特别在金融能力发展顶层设计、项目确定、组织实施以及效果评估评价等诸多环节，除了强调政策制定与

① 世界银行. 金融消费权益保护的良好经验（2017年版）[M]. 中国人民银行金融消费权益保护局，译，北京：中国金融出版社，2019：256.

执行的公平、平等、一致外，还需要因人施策、因人而异，鼓励不同的人群使用不同的学习、培训、实践方式，提升自身的金融能力，实现金融能力发展的实质平等、实质公平。如倾斜性地加大对妇女儿童、残疾人、老年人、经济欠发达地区贫困农户、小微企业主等特殊人群的金融教育力度，深入解决金融能力个体发展不平衡的问题。

六、兼顾地区平衡

金融能力发展是一项系统工程，既包括民众自我学习、自我教育、自我实践，也包括有关政府部门、非政府社会组织、金融机构等推动金融知识普及教育、金融技能培训、金融基础设施建设的大力投入。受区位优劣、历史传统、产业结构、交通便利、地理文化以及经济发展水平等因素的影响，不同地区发展金融能力的既有资源和设施也不尽相同，欠发达地区居民金融素养相比发达地区居民有明显差异。一直以来，我国东南部地区经济发展水平高于中部地区，且远远高于西部地区，经济发展的不平衡一定程度上带来金融发展的不平衡。经济发达地区的金融服务主体种类和数量明显多于欠发达地区，进而可供居民参与金融生活的机会或选择性也存在较大差异。这就意味着，从国家和社会层面在金融能力发展政策给予、资源分配、重点推进等方面要充分关照不同地区的实际情况，要兼顾地区平衡，协调推进国民金融能力发展项目或工程。

七、注重实践技能

通过实践或者应用既有或者新获得的金融知识和金融技能来实现自身某种特定的金融需要，更好地服务自己或他人工作和生活需要，有助于形成对经济金融的基本态度，并建立对金融生活的良好信心。在推进国民金融能力发展过程中，普适地开展金融知识宣传普及教育固然重要，但知识教育并非目的，要通过定期或不定期的公众金融教育或者专业教育，帮助民众将金融知识付诸金融实践、转化为金融技能，进而锻造能以最佳金融利益行事的金融能力。此外，广泛参与金融实践可以帮助人们正确选择适合自身需要的金融产品和服务，正确预判创新金融、金融科技的便利性与风险性，不断提高自身的金融权利意识、责任意识和风险意识。

第二节　国民金融能力发展目标

如前文所述，金融能力发展目标在"人"，通过对人自身能力的优化和发展，真正享有经济金融发展的成果。小到家庭，大到国家，人的能力如何直接关系家庭稳定和幸福，也关系到社会稳定和国家长治久安。大力推动国民金融能力发展，无疑对国家安全和社会稳定、经济金融高质量发展、现代金融体系建设、缩小贫富差距、防范金融风险等具有重要影响。

一、维护国家安全和社会稳定

金融安全是金融战略实施的前提、基础和必要保障。[①]1997 年亚

---

① 岳伟丽. 新时期我国金融安全战略研究[J]. 人民论坛，2015（2）.

洲金融危机和 2008 年国际金融危机爆发后，诸多国家为解决金融问题耗费了巨额资金，甚至付出了政治上和外交上的惨重代价，有的国家在金融危机中受到重创，国家发展曾一度陷入低迷，因此，日本、美国、俄罗斯等国家先后把金融安全作为国家安全战略的重要内容。习近平总书记在第五次全国金融工作会议上强调，金融是国家重要的核心竞争力，金融安全是国家安全的重要组成部分，金融制度是经济社会发展中重要的基础性制度。可以说，金融制度是金融安全得以长久维系的重要且关键的保障，只有建立健全完善的金融制度，才能保证我国经济社会的有序、可持续发展，才能切实保障我国金融战略目标的实现。事实上，制度的生命力在于执行。一个国家公民对金融制度的理解力和参与度，直接决定着金融制度的有效性和制度运行的可预见性、可期待性。国民金融能力水平的高低，直接或者间接影响其对金融产品和服务、金融风险的识别和防范、金融可获得性与自身承受力等方面的认知，国民金融能力发展水平较低的国家和地区往往更容易集聚金融风险。然而当今世界经济金融正以空前的速度相互促进、相互融合，越来越多的国家和地区参与经济全球化进程，经济金融交往活动也愈发频繁，在金融产品日益丰富的同时，也伴随着鱼龙混杂和过度金融，如何抵制过度金融、防范金融风险以及最大合理化正确使用金融产品和服务，就显得至关重要。鉴于此，从某种意义上讲，国民金融能力对国家金融安全和社会稳定的基础性作用日益凸显，推动国民金融能力发展有助于维护金融安全和社会稳定。

二、推动经济金融高质量发展

经济金融活动归根结底是人的活动，经济金融高质量发展离不开人，并且必须依赖于人自身的能动性。在经济金融领域，人们是否具备作出符合自身实际的金融决策的知识、技能、态度和信心，对经济金融发展起着至关重要的作用。从理论上讲，国民金融能力发展有助于发挥资源配置效应，主要表现在足够的金融知识储备可以弥补金融消费者因信息不对称带来的决策偏差，提高风险控制能力，降低金融机构因消费者理解偏差引发纠纷的处理成本。从实务上讲，国民金融能力发展有助于夯实金融服务实体经济的基础，良好的金融技能有助于消费者全面了解自身财务状况，合理使用金融"活水"，避免金融资源使用的盲目和冒进，进而降低经营风险传导金融风险的概率。同时，金融消费者金融技能和风险意识的提升，可以有效增强金融机构对实体经济的信心，进而加大对实体经济的信贷投放。特别是进入经济新常态后，诸多轻资产、小规模、技术含量高的微型企业和民营企业将成为经济发展的主力，金融资源的大力投放，有助于其从小做大、从大做强，重塑和优化经济结构，助推经济转型升级，因此，提升国民金融能力，为推动我国经济高质量发展提供重要基石，其重要性不言而喻。

三、促进构建现代金融体系

党的十九大报告指出，要贯彻新发展理念，建设现代化经济体系。党的十九届四中全会强调，加强资本市场基础制度建设，健全具有高度适应性、竞争力、普惠性的现代金融体系，有效防范化解金融风险。建设现代金融体系是一项系统工程，包括但不限于金融供给侧体系、金融需求侧体系、金融监管调控体系等方面的建设。从理论上讲（事实上也是如此），没有金融需求方的参与，所有的金融供给行为都是徒劳无功的。也就是说，金融需求方能力建设和发展是现代金融体系建设的重要内容之一，也是现代金融体系适应性特点的应然之义。与此同时，具备成熟金融能力的金融需求方，其对金融产品和服务的最优化使用以及对金融市场的前瞻性合理需求，一方面有助于金融监管决策者不断完善监管政策体系，更新监管工作理念，更好保护金融消费者的合法权益，促进金融深度服务实体经济；另一方面有助于金融机构持续优化和改进金融基础设施建设，以需求倒逼金融机构自身变革，不断增强以客户为中心创新金融产品和服务的主动性，进而提升金融对外开放背景下现代金融体系的国际竞争力。因此，从逻辑上推演可以得出，国民金融能力发展是构建现代金融体系的重要工作内容，其发展的程度和水平直接影响着现代金融体系的整体水平，良好的国民金融能力有助于促进现代金融体系的健全和完善。

四、有效防范金融风险

良好的国民金融能力有助于金融消费者合理评估自身金融需求和风险负担水平，特别在信贷、投资、保险等领域保持适当消费，将个体风险控制在合理阈值，防范个体风险集聚引发地区性金融风险，并经由传染效应形成系统性金融风险。在 2008 年国际金融危机前期，除我国之外，世界范围内的主要市场化经济体出现的一个非常显著的现象就是居民部门债务融资总额突发性上升。如危机发生前五年，日本居民部门杠杆率的累计增速约为 46%，美国居民部门杠杆率累计增速约为 44%，"高杠杆或将引发金融危机"成为一种社会共识。[1]事实上，一国居民在进行金融资产配置时，如果能清晰认识金融的本质及其风险，其有关金融的意识、态度和信息会影响其投资结构，合理的投资结构有助于提升金融资源的配置和使用效率，进而助推经济增

---

① 王骥. 家庭资产配置行为与我国系统性金融风险——基于内生增长模型与金融效率的经济分析[J]. 金融经济，2020（2）.

长，以此形成经济发展和金融发展的相互促进，系统性金融风险发生的可能性也随之减小。同时，良好的国民金融能力还有助于辩证地看待金融创新的利弊，在一定程度上金融消费者的金融知识和技能可以帮助其透过纷繁复杂、目不暇接的金融创新外衣，全面了解金融创新的本质和实质，防范披着金融创新外衣的诈骗等非法活动。另一方面，良好的国民金融能力可以帮助金融消费者更好地理解金融创新，减少不必要的抵制和排斥，让真正的金融创新以较快的速度服务于个人发展和国家经济社会发展。

五、缩小贫富差距，促进财富积累

自 20 世纪 80 年代以来，金融在西方主流国家经济发展的主导地位基本形成，学术界对贫富差距研究的一个重要背景就是考察金融化与贫富差距之间的内在联系。[1] 许多研究表明，金融化一定程度上改变了财富分配和收入分配方式，使得国家贫富差距逐渐拉大。[2] 客观上，金融化的进程凸显了资本在规模扩张、技术研发等方面的重要性，特别是随着生产自动化水平和智能化程度的不断提升，单纯依靠密集型劳动获得的收入在全部生产要素收入中的占比大幅下降，这加剧了贫富差距的扩大。换言之，金融化客观上加剧了贫富差距，从侧面也意味着，哪一方主体能够最佳化利用金融资源同样也可以帮助其实现财

---

[1] 裴祥宇. 金融化背景下美国贫富差距的扩大及其影响[J]. 福建师范大学学报（哲学社会科学版），2020（1）.

[2] Lawrence Mishel, Jared Bernstein and Sylvia Allegretto, The State of Working America 2006/2007, Economic Policy Institute, 2007, pp. 17—22. Ken-Hou Lin, Donald Tomaskovic-Devey, Financialization and US Income Inequality, 1970—2008, American Journal of Sociology, Vol. 118, No. 5, 2013, pp. 1284—1329.

富积累和自身发展，逐步缩小贫富差距。Van Rooij 等（2012）研究也发现，金融知识与净资产存在相关关系，金融能力可以促进家庭财富积累。我国向来高度重视扶贫工作，特别是党的十八大以来，习近平总书记就扶贫开发工作发表了一系列重要论述，阐明了新时期我国扶贫开发工作的重大理论和实践问题。《中共中央 国务院关于打赢脱贫攻坚战三年行动的指导意见》《中共中央 国务院关于坚持农业农村优先发展做好"三农"工作的若干意见》等文件明确要求发挥金融在扶贫工作中的积极作用。金融是现代经济的核心，金融扶贫在瞄准脱贫攻坚的重点人群及重点任务、精准对接金融需求、支持脱贫攻坚和服务乡村振兴方面具有不可替代的重要作用。[①] 那么，贫困人口能否有效利用金融资源以及能否最优化配置金融资源，对于自我脱贫、缩小贫富差距显得尤为重要，因此，良好的国民金融能力可以有效缩小贫富差距，促进自身财富积累。

六、促进和保障普惠金融发展

党中央、国务院高度重视发展普惠金融。党的十八届三中全会明确提出发展普惠金融。2015 年国务院《政府工作报告》提出，要大力发展普惠金融，让所有市场主体都能分享金融服务的雨露甘霖。同年国务院印发了《普惠金融发展规划（2016—2020 年）》，明确了普惠金融的发展目标、重点领域和人群以及主要工作，特别强调了要结合国情深入推进金融知识普及教育，培育公众的金融风险意识，提高金融消费者维权意识和能力，引导公众关心、支持、参与普惠金融实践活动。也就是说，推进金融能力发展是普惠金融工作的一项重要工作

---

① 王琳，李珂珂. 我国金融扶贫的长效机制构建研究[J]. 学习与探索，2020（2）.

内容。近年来，中国人民银行通过每年"3·15金融消费者权益日"、6月"普及金融知识，守住钱袋子"、9月"金融知识普及月"等持续开展的金融知识普及教育，消费者在金融诚信、账户管理、个人信息保护、假币识别等方面的知识和技能获得了长足发展，夯实了普惠金融发展的基础。另一方面，无论是贫困农户、小微企业主、个体工商户或其他特殊人群，其自身的财务管理能力、金融资源规划能力无疑会影响金融机构信贷投放的信心。开展国民金融能力发展工作，提升消费者的金融知识、素养和技能，有助于建立全方位有效地为社会各阶层提供服务的普惠金融体系，坚定金融机构投放普惠型金融产品的信心，不断提高金融服务的覆盖率、可得性和满意度，使最广大人民群众公平分享金融改革发展的成果。

第三节　国民金融能力发展环境

任何事物的发展都离不开外部因素或环境的影响，良好的外部发展环境有助于事物朝着有利的方向发展，不利的环境将制约事物的发展。国民金融能力发展也不例外，正确认识当前我国所处的政治、经济、文化、社会等实际情况，积极运用中国特色社会主义制度的优势，主动把握发展不平衡、不充分的矛盾，确有必要。因此，大力推动国民金融能力发展，必须充分认识并适应我国的政治环境、经济环境、金融环境、监管环境和人文环境。

一、政治环境

党的十一届三中全会开启了改革开放和社会主义现代化建设的新时期。对内改革、对外开放，赋权于民、致力于调动国民的积极性与首创精神，致力于大力解放和发展生产力、提高人民的生活水平，致力于实现社会主义现代化。党的十八大以来，我们党领导人民统筹推进"五位一体"总体布局、协调推进"四个全面"战略布局，推动中国特色社会主义制度更加完善、国家治理体系和治理能力现代化水平明显提高，为政治稳定、经济发展、文化繁荣、民族团结、人民幸福、社会安宁、国家统一提供了有力保障。2018 年 2 月 28 日，中国共产党第十九届中央委员会第三次全体会议通过了《深化党和国家机构改革方案》，并完成对党和国家组织结构和管理体制的一次系统性、整体性重构，重构性健全党的领导体系、政府治理体系、武装力量体系、群团工作体系，系统性增强党的领导力、政府执行力、武装力量战斗力、群团组织活力，适应新时代要求的党和国家机构职能体系主体框架初步建立，为完善和发展中国特色社会主义制度、推进国家治理体系和治理能力现代化提供了有力组织保障。[①] 政治安定有序，为人民安居乐业、金融市场深化发展提供了重要保障，是经济金融繁荣的基本前提，也为国民金融能力的提升提供重要的外部有利条件。

二、经济环境

自改革开放以来，中国经济开始了高速增长的四十年，创造了中国速度，经济环境发生了天翻地覆的变化：经济市场化程度不断提高，

---

① 参见：习近平出席深化党和国家机构改革总结会议并发表重要讲话，中央人民政府网站，访问时间为2020年3月27日，http://www.gov.cn/xinwen/2019-07/05/content_5406606.htm。

国家宏观经济调控能力不断增强，经济生态环境不断优化。在经济发展的大浪潮中，在为民众创造就业机会、提高收入水平、丰富物质生活的同时，也为他们参与经济金融生活创造了机会和条件。近年来，中国经济运行继续保持了总体平稳、稳中有进的发展态势。但经济下行压力仍然存在，从国际看，国际金融危机深层次影响将长时期存在，全球经济贸易增长乏力，国外直接投资大幅下降，主要发达经济体增速持续下行。展望未来，贸易保护主义有所抬头，跨国投资总体疲软，传统贸易强国与新兴贸易大国争取国际市场份额和国际投资份额的冲突加剧；发达国家加快实施"再工业化"，发展中国家劳动力成本优势上升，使我国经济面临"两面挤压"的风险加大，经济全球化与"去全球化"抬头的矛盾加深；世界政治形势的不确定性也增加了中国外部风险，中美贸易摩擦、美国对中国科技企业的无理打压等事件加剧了当前国际经济全球化进程的严峻局势。从国内看，"三期叠加"影响持续深化，经济金融发展困难和风险增多，长期存在的结构体制性矛盾的解决需要一个过程，经济下行压力进一步加大，投资、消费、进出口增长较同期均有所回落，物价走势不太明朗，CPI 和 PPI 之间走势分化，差距增大，部分企业生产经营困难增多，亏损面有所扩大。特别是新冠肺炎疫情的影响，消费、投资、出口形势严峻，短期内企业资金链紧张问题突出，对后期经济发展雪上加霜。经济下行压力不断加大不仅对国家领导层面、对企业家甚至对普通公民的金融能力都提出了更高的要求。

三、金融环境

（一）数字经济的全球浪潮助推数字金融的发展

2017 年国务院《政府工作报告》首次提出数字经济概念，旨在依托"互联网+"发展战略，通过数字化发展为我国产业转型发展提供新的活力，并通过科技创新提升传统产业内在价值。作为现代金融业的创新，数字金融是数字技术在金融领域的运用，包括互联网支付、移动支付、网上银行、金融服务外包及网上贷款、网上保险、网上基金等金融服务。在数字移动支付获得突破性进展后，数字技术不断渗入金融业，包括但不限于金融功能、金融服务模式、金融业态和机构、金融运营管理和服务外包，以及金融监管机构的监督管理等所有金融生态链条和环节。此外，我国数字金融不同主体的良性竞争促进了金融科技的发展，也使不同金融企业在支持供给侧结构性改革的过程中为实体经济发展提供了高质量和低成本的金融产品和服务。因此，在数字金融背景下，一方面滋养了金融创新的土壤，另一方面加速推动金融领域由互联网金融转向金融科技时代[①]。

（二）金融服务创新极大地丰富了金融能力教育的内容

非数字时代的传统公众金融教育的内容主要包括货币、银行存贷款业务、外汇等，由于智能手机尚未普及，使用信用卡的人数也相对有限，公众金融教育的内容也较为简单和有限。但是随着数字时代的到来，数字技术在金融系统得到了广泛的应用，从提供金融产品和服务的主体，到金融产品和服务本身，再到金融产品和服务的投放渠道，都发生了巨大的变化，数字经济滋养了金融创新的土壤，丰富了公众金融教育的内容，如手机银行的发展扩大了公众接触传统存贷款业务的机会，使金融消费者需要了解原本因覆盖范围较小而无需实施公众金融教育的相关金融产品和服务的知识。除此之外，还要了解新兴金融业务，包括互联网支付、移动支付、网上银行、金融服务外包及网上贷款、网上保险、网上基金等。

---

① 中国人民银行金融消费权益保护局课题组. 数字时代的金融能力培养[C]. 2020-03.

同时，随着金融产品、金融法律关系的复杂化与双方信息不对称问题的加剧，有必要提高消费者在参与金融交易时理解交易标的能力，并懂得出现金融纠纷后的正当维权途径。

（三）金融科技的发展使金融能力的培养愈渐紧迫

随着金融科技的不断发展，金融服务对公众而言，呈现出日常化发展趋势，如使用第三方支付服务代替原来的现金支付。无论从覆盖范围还是使用频率来看，金融服务都已深入绝大部分社会群体的生活中，即绝大部分社会群体几乎都在日常地购买和使用金融服务。但是金融服务的频繁和广泛使用也加剧了金融消费者权益受侵犯和金融系统不稳定的风险。

一方面，财产损失风险增加。随着金融科技的发展，在提供更快捷的普惠金融服务的同时，商业银行等金融机构与金融消费者之间的信息不对称进一步加剧，不法分子通过采用更隐秘的手段欺诈金融消费者的资产，从而加大了消费者的权益受侵害的风险。另一方面，个人金融信息风险加大。以数据隐私为例，金融机构或其他企业在日常金融服务中获取金融消费者的个人信息乃至生物特征，突破了金融消费者个人隐私权的边界，甚至因个人数据的泄露而导致金融诈骗事件频发，不断侵犯金融消费者个人的财产权利，而且会由于事后追回的困难影响社会秩序的稳定。因此，金融科技的发展给消费者金融权益保护带来了新的挑战，但与此同时，也彰显了培养消费者金融能力的必要性和重要性。

四、监管环境

随着国家治理体系变革的逐步深入，金融监管模式已从传统的单向行政管理向社会共治转变，虽然"管"和"治"只有一字之差，但其突出强调了国家治理过程中的人民性，让社会公众有能力、有机会参与社会治理和国家治理，增进社会民众对国家的认同感。相比其他行政监管活动，金融监管对专业性要求更为严格，这对国民金融能力也提出了更高的要求。

（一）金融能力培养是数字经济时代金融监管转型的应有之义

数字经济时代，金融机构及其所从事的金融活动大规模扩张，导致大量的金融风险随之暴露。近年来，金融消费者屡屡中招：信用卡被盗刷，买到假理财产品受骗，高利贷无法归还，P2P 平台倒闭跑路索债无门等案件频繁发生，随后监管部门出台了一系列措施，通过加强金融行业的监管，以守住不发生系统性金融风险的底线。但监管资源的有限决定了金融监管不能涵盖所有的金融活动，"风险导向监管"这一理念应运而生。世界经验表明，金融监管机构的监管应当坚持"风险导向监管"，将监管资源主要投放在风险较高的领域，优化利用稀缺的监管资源。在金融消费者保护领域，金融监管机构旨在通过调控或监管手段维护和促进法域内金融消费者整体福祉，发挥金融对实体经济的促进作用。具体的消费者侵权案例可以帮助监管机构发现金融机构的违法行为，但是监管机构不得作为行政机构干预金融消费者与金融机构之间的民事法律关系。因此，应当让金融消费者知晓有效的维权途径，否则既会影响社会秩序和社会效率，也使金融消费者的维权问题得不到解决。[①]

---

① 中国人民银行金融消费权益保护局课题组. 数字时代的金融能力培养[C]. 2020-03.

（二）金融能力培养是提高金融消费者保护监管效率和效果的重要手段

消费者具有金融能力，意味着金融消费者能够具有积极正确的挣钱和理财态度，拥有必要的金融知识和技能，有能力进行符合自身处境的金融活动，包括适当的挣钱或理财方式，必要的风险控制，合理的资产规划和管理，以及有效应对金融纠纷等，特别是在当前金融市场的成熟度不高，金融投资品种不断增加和投资风险日趋加大的大环境下，提高消费者的金融能力，使金融消费者掌握适当的风险识别能力和树立正确的维权意识，也是提高金融监管效率和效果的重要手段。从国外经验来看，爱尔兰在提高消费者金融能力上有许多成功的经验，一方面帮助消费者树立正确的维权意识减轻了监管机构介入具体民事争议的压力；另一方面也将通过司法和准司法途径提高金融机构违法行为的成本，对金融监管效率和效果的提升均发挥了较大作用，这也符合我国目前的金融监管改革思路。[①]

五、人文环境

在现代社会，金融素养是人文素养的构成部分，良好的人文环境对金融能力发展意义深远，成熟、理性、具有契约精神的文化环境有助于社会公众充分理解金融责任和金融风险，而良好的金融素养和金融能力对人文环境的塑造也会产生深刻的影响。我国经过长期的发展，社会公众在文化科学等方面的知识和能力积累进步明显，但人文环境的培育需要经历一个长期且复杂的发展过程，且受到多方面因素的影

[①] 中国人民银行金融消费权益保护局课题组. 数字时代的金融能力培养[C]. 2020-03.

响，具体来讲，需要重点关注以下方面：

（一）国民金融素质教育不足

当前，我国国民金融素质教育普遍缺失。一是金融素质教育认识模糊，个体差异明显。大多数国民并未认识到金融素质教育的重要性，金融意识普遍不强，缺乏对金融素质教育需求的迫切性。调查显示，大多数国民认为无需开展金融知识素质教育，大多数城市居民和极少数农村居民认识到了金融素质教育的重要性，大多数高收入家庭的居民愿意接受金融素质教育，因此，受教育程度、社会化水平、地区差异和家庭收入水平等因素都会影响居民对金融素质教育的需求。二是金融素质教育目标不明确，内容缺乏系统性。调查显示，大多数居民金融理财意识薄弱，风险判断能力不足，由此凸显加强金融素质教育的必要性和紧迫性。三是金融素质教育渠道单一，形式单调。金融素质教育主要集中体现在金融理财产品的宣传推介和高等教育层面，基础教育和中等教育层面涉及较少。同时居民金融素质教育主要通过报告、讲座、咨询、互动体验等形式，相对单调。[①]

（二）人口老龄化问题凸显

从社会与经济发展的变动趋势上看，人口数量不断上升，平均预期寿命逐渐增加，人口老龄化问题逐渐凸显。年龄是影响消费者金融素养的一个重要因素，随着年龄的增长，金融知识水平不断提高，到了老年阶段，则呈现下降趋势，消费者金融能力在年龄上存在"驼峰效应"。与此同时，与消费者终身福祉相关政策的改变，使得风险承

---

① 袁敬涛，赵泽轩. 国民金融素质教育亟待加强[N]. 中国农村信用合作报，2017-03.

担逐渐从政府和企业方面转移到个人身上，例如，不少发达国家的养老保障计划逐渐从待遇确定性转向缴费确定性；我国政府近年来鼓励商业养老保险成为个人和家庭养老保障计划的主要承担者。这些变化客观上要求消费者提高对金融服务和产品的了解程度。因此，针对性地开展金融能力培养计划也具有较为重要的现实意义。

（三）金融素养有待进一步提升

21 世纪数字技术深入到日常生活的方方面面，2017 年 OECD 发布的《关于数字时代的金融教育和金融消费者保护的报告》总结了当前世界各地数字金融服务的发展现状，指出了各国居民普遍存在的金融知识缺乏现象。在数字时代中普通居民掌握金融知识、有效管理个人资金、处理个人金融事务的能力越来越重要，这种能力不仅针对从事金融相关行业的专业人士，也随着金融深入普通居民的日常生活而适用于每一个人，这种能力即为"金融素养"。2015 年 11 月，国务院办公厅印发《关于加强金融消费者权益保护工作的指导意见》，强调要建立金融知识普及长效机制，推进金融素养教育工作深入开展，切实提高国民金融素养。2017 年，中国人民银行第一次全面开展消费者金融素养问卷调查，从 2017 年和 2019 年发布的《消费者金融素养调查分析报告》来看，2019 年全国消费者金融素养指数平均分为64.77，与 2017 年相比，整体上消费者金融素养水平略有提高。但低学历、低收入群体在金融知识、技能和行为等方面的表现与高学历、高收入群体差距很大；就业与非就业群体之间的金融素养存在较大差异；年龄上依然存在驼峰效应；城镇与乡村常住居民之间仍存在差距。

综上可知，我国消费者金融素养水平处在中等水平，需要进一步加大金融消费者教育的投入力度，着重提升消费者的金融知识和技能，改善消费者的金融行为，进一步培养消费者的金融能力，这也是金融知识宣传教育中的循序渐进的手段措施。

第四节　构建中国特色金融能力发展策略

不同的国家受政治体制、文化传统、经济发展水平、国民素质等多重因素的影响，金融能力发展的思路和策略也不尽相同。我国金融能力发展既要积极借鉴国际良好经验做法，遵循金融能力发展的一般规律，也要认识到中国国情和中国实际。脱离中国特色社会主义制度、文化、传统，谈论国民金融能力发展及其相关问题，不可能真正推动国民金融素养和金融技能的提升。要做好我国金融能力发展工作，需从以下几个方面共同发力。

一、坚持党的领导，加强顶层设计

党的领导是我们发展中国特色社会主义事业的基础，因此构建中国特色金融能力发展策略最根本的就是要坚持党的领导。加强和改进党对金融教育工作的领导，是帮助金融消费者提高对金融产品和服务的认知能力及自我保护能力，提升金融消费者金融素养和诚实守信意识的重要保障。另一方面，我们面临的改革发展形势正在发生深刻变化，世界正处于大发展大变革大调整时期。做好我国新形势下金融工作，必须坚持和加强党对金融工作的全面领导，确保金融改革发展的正确方向，促进经济和金融良性循环、健康发展。

　　一方面，要深刻领会并贯彻落实第十九届五中全会有关"建成文化强国、教育强国、人才强国、体育强国、健康中国，国民素质和社会文明程度达到新高度，国家文化软实力显著增强"的精神和要求，根据国家经济、金融发展环境，公众金融知识水平和消费者权益保护现状制定金融消费者教育长远规划和指标体系，形成长效工作机制。要从国家层面上出台提升金融能力的指导意见，对金融能力的概念进行界定，建立健全发展金融能力保障机制，建立金融知识普及长效机制，形成齐抓共管的工作格局，帮助金融消费者提高对金融产品和服务的认知能力及自我保护能力。另一方面，创新做好金融素养宣传教育和提高长远规划的规范性，及时修订适应数字时代的金融教育国家战略，建立相应金融消费者教育制度框架。虽然我国目前整体上消费者金融素养水平略有提高，但低学历、低收入群体在金融知识、技能和行为等方面的表现与高学历、高收入群体差距很大；拥有就业与非就业群体之间的金融素养存在较大差异；年龄上依然存在驼峰效应；城镇与乡村常住居民之间仍存在差距。因此重点是要持续开展消费者金融素质调查工作，充分发挥教育部门在金融基础知识普及教育方面的主导作用，有针对性地科学制定金融宣传教育的具体规划及实施方案，明确工作目标、任务分工和具体举措，确保金融宣传教育的连贯性及长期性。在具体实施上，要加快金融知识纳入国民教育体系进程，推进金融知识进课堂、进课程，针对不同年龄层青少年知识结构编写金融知识系列教材，将金融课程学分情况作为学生获得助学贷款及额度限定的必要条件，真正让金融知识和能力成为学生走向社会的必备技能。

二、坚持金融为民，推动全面覆盖

习近平总书记在第五次全国金融工作会议上强调金融本源就是服务实体经济，并提出"要建设普惠金融体系"。这就是要让金融的红利全面惠及人民群众。金融消费权益保护秉持的金融为民理念，就是要让社会各层面的人民群众都能接受金融知识的普及教育，使消费者合法金融权益得到保障。

（一）实现金融素质教育的全面覆盖

一是应研究制定金融教育的具体规划及实施方案，明确工作目标、任务分工和具体举措，确保金融教育的连贯性及长期性，实现消费者金融能力的持续提升。可借鉴美国金融素养和教育委员会制定的《金融教育国家战略》，该战略确定全国性金融教育的目标和任务，定期对战略目标完成状况进行评估，并明确将与个人密切相关的家庭金融服务、信用卡等支付工具、信用记录、如何识别有欺诈性质的金融服务及产品、理解和评估金融产品及服务等作为教育重点。在制定教育方案时，应对不同年龄段的学生实施阶段性教育。如要求低年级学生能够理解基础理财知识，高年级学生能够运用金融知识做到理财和消费。

二是积极推动金融知识纳入国民教育体系。近年来，中国人民银行积极发挥桥梁和纽带作用，牵头协调地方政府、教育部门等有关单位加强沟通及合作，选取部分学校建立金融教育试点，探索将金融知识纳入学校课程体系，取得了一定的成绩。例如，在中国人民银行太原中心支行的推动下，山西省在 2018 年 12 月实现了全省金融知识纳入小学教育体系全覆盖；在中国人民银行福州中心支行、福建省教育厅、福建省财政厅的推动下，从 2017 年 5 月开始福建将金融知识纳入国民教育体系工作提升到省级层面；2018年，中国人民银行长沙中心支行在全省全面推开金融知识纳入小学教育体系试点工作，创新开展金融知识纳入湖南省国民教育体系"三个一百"工程。各地"试点"在金融知识教材编撰、工作机制构建、教学模式、师资培训等方面为全国全面推开金融知识纳入国民教育体系工作积累了成功的实践经验。

（二）对不同的目标群体实现金融教育全面覆盖

一是对未成年人的金融教育，应当从义务教育入手，在学校引入金融教育课程，加强中、小学生金融知识教育，从小培养青少年对货币、理财知识的认知，将金融课程作为中小学生的必修课程。利用"金融知识进校园"讲座、宣讲活动等形式潜移默化地影响未成年人对金融知识的理解与认识。

二是对老年人来说，可以利用社区、养老院的便利条件，开展金融知识教育，重点针对老年人关心的退休储蓄产品开展金融宣传。例如，中国人民银行牵头金融部门专门为老年人制定防范金融诈骗指导课程计划，联合银行和信用社对老年人进行金融安全保护提示，建立老年人欺诈预防和应对机制等。

三是通过中国人民银行与其他金融机构加强金融教育工作创新，建立农村金融扫盲志愿者服务队，制定具体的工作方案，对不同知识程度的人群开展有差别性的金融教育工作。

（三）实现金融行业宣传的全面覆盖

在行业宣传方面，原银监会提出"预防为先，教育为主"的工作方针，于每年9月份组织全国银行业开展"金融知识进万家"活动，并根据当年金融热点问题及不同人群特点有针对性地设计宣传资料、开展宣教活动，通过宣传金融知识引导消费者选择正规的金融服务渠道和金融产品，提高风险防范和依法维权意识，取得了良好的社会反响。在建立教育平台方面，证监会推动建立了100多家面向社会公众开放的教育服务基地，教育基地具有证券期货知识普及、风险提示、信息服务等教育服务功能，社会公众可通过线上及线下的方式集中获取所需的金融知识和服务。在风险提示方面，原保监会在官方网站设立"消费者教育及风险提示"专栏，强化风险提示信息发布力度，以帮助广大保险消费者及时识别并防范有关风险，切实提升自我保护能力。

三、坚持统筹协调，倡导多方联动

要实现金融教育的长远目标，不能只靠金融部门或者单一部门开展金融教育活动。从中央到地方，各级政府都要承担起金融教育的主体责任，同时也要积极发挥金融市场主体和行业组织的补充作用。

（一）明确中央政府和地方政府的主体责任

一是中央政府可以根据实际需要指定中国人民银行或银保监会等相关部门作为专门的金融教育管理部门，统一领导和协调国家金融教育计划的制定和实施，整合现有的金融教育资源，有计划、系统性地推进金融教育。二是加大各级地方政府金融教育投入力度，多渠道增加金融教育经费投入。增加金融教育专项经费，并将其列入各级政府财政年度预算之中，保证金融教育经费在教育经费中占有一定比例。三是教育部门应在小学、初中、高中教育阶段增加金融教育课程专项支出，探索并建立金融教育经费投入稳定增长机制，同时做好金融教育经费支出的管理和审计工作，确保金融教育经费落实到位，保证金融教育的财政支持。

（二）加快金融素养教育的立法进程

目前，我国金融消费者权益保护的相关立法效力层级较低，除了《消费者权益保护法》中个别条款作了规定以外，大多数都是部委层面以规章、规范性文件的形式予以规定，并且缺乏与金融教育相关的专项规定。因此，加强金融教育立法，提高金融教育的强制性迫在眉睫。美国2003年的《公平和准确信用交易法案》第五章《金融素养和教育促进法》以法案的方式确立金融教育工作在金融体系中的重要地位，并成立了由财政部、美联储、证券交易委员会等23个部门联合组成的金融素养和教育委员会，进一步确定了金融教育在金融体系中的重要作用。我国可借鉴美国模式，由国务院制定行政法规，例如颁布施行《金融教育和国民金融能力促进条例》，建立健全相关教育机制，将金融教育制度化、常态化，将金融受教育权保护上升到国家强制力保护的层面。在实施过程中，针对金融教育工作中存在的问题，结合实际，逐步将行政法规上升为国家法律，将金融教育写入法律条文之中，融合教育部门、金融管理部门、行业协会、金融机构、学校和新闻媒体等多方力量，建立综合性工作机制，同时明确各类金融机构、社会团体的权利义务，增强金融教育工作的规范性。

（三）成立实施国民金融教育的协调组织

国际金融危机爆发后，金融消费者保护得到前所未有的重视，我国"一行两会"均成立了相应的金融消费者保护机构，2019年1月发布的《中国人民银行职能配置、内设机构和人员编制规定》，明确赋予了中国人民银行"综合研究金融消费者保护重大问题，拟定发展规划和业务标准，建立健全金融消费者保护基本制度；牵头建立金融消费者保护协调机制、统筹开展金融消费者教育、牵头构建监管执法合作和非诉第三方解决机制"等重要职责，中国人民银行金融消费权益保护局主动牵头、主动协调，联合银保监会消费者权益保护局和证监会投资者保护局建立了金融消费权益保护协调工作机制，推动投诉分类标准制定实施、金融消费者教育、金融广告治理、金融纠纷多元化解机制建设等工作取得积极进展，有效发挥了中国人民银行在金融消费者保护方面牵头引领和统筹规划作用。在此基础上，建议将发展普惠金融、金融消费者保护与国民金融教育有机结合，由某一专门机构（如中国人民银行）负责协调、组织其他金融管理部门、教育部门等方面的力量，更好地实施金融教育。同时，积极推动和鼓励我国各类金融机构及社团组织履行社会责任，扎实开展各类金融知识宣传及教育活动，共建和谐金融秩序。

四、坚持科技赋能，善用数字普惠

（一）借助数字技术，促进普惠金融发展

应认真落实《二十国集团数字普惠金融高级原则》，通过数字技术促进普惠金融的发展，构建数字普惠金融的金融基础设施系统，利用数字技术在包容、效率和创新方面的"红利"，发挥数字技术在金融领域信息优势和成本优势。积极促进普惠金融与技术的深度融合，借助大数据、人工智能、云计算、移动互联网等科技手段，积极实施金融"互联网＋"战略，创新服务场景，优化业务流程，将金融服务拓展到传统机构触及不到的领域，消除金融服务在空间和时间上的限

制，让经济、金融的发展与技术进步的成果覆盖更多群体，尤其是经济弱势群体，这对我国目前的全面建成小康社会目标和扶贫攻坚战略具有重要意义。①

（二）创新教育方式，强化数字金融知识普及

由于数字技术能够以低成本或者零成本的方式传递金融知识，兼具传播速度快、辐射范围广的优势，我国应积极利用数字技术推进金融教育，拓宽金融教育渠道，为金融消费者提供便捷的获取信息及学习的机会。可考虑由主管部门或金融机构建立专门的金融教育网站，免费向社会公众提供系统的金融知识及完备的教育教程。如美国消费者金融保护局在其官网上开设"从小处开始，节省下来""如何改善金融福利""如何购房""金融新兵训练营"等金融课程，为国民提供免费的金融教育。英国央行为进一步方便青少年对金融知识的学习，还专门开发了与金融知识相关的互联网软件，以方便青少年实时了解金融动态，为相关知识的学习提供便利。我国参与金融教育的主体部门要充分利用好官方网站、公众号等数字工具及载体，及时传递政策信息，发布风险提示，为消费者提供便捷的受教渠道。除利用数字渠道探索金融消费者教育方式创新外，还应该进一步推动数字金融知识的普及和教育，提高消费者对数字普惠金融的本质、特点和多样性方面的认识。根据数字金融服务和渠道的特性、优势及风险，开展提升消费者数字技术基础知识和金融素养的项目并对项目开展评估，探索建立金融知识教育发展长效机制。通过增加对数字金融服务的了解来

---

① 徐忠. 在2017年中国普惠金融国际论坛上所作的"扬长避短，规范发展，推进数字普惠，迈向共同富裕"的主题演讲，中国金融论坛网站，访问时间2020年3月23日，网址为http://www.cff.org.cn/zgjrlt/cffzj/_101502/101879/123317/index.html。

加深消费者对数字金融服务的信任，并通过防范潜在风险和设计合理的应对机制 来充分保护消费者合法权益。[①]

（三）加强金融监管，处理好金融科技安全与效率的关系

安全与效率是两个重要因素，可以说是托举金融科技发展的"两翼"。善用金融科技就是指把安全和效率作为一个有机整体，统筹考虑。因此要从观念上强化安全意识，在确保金融科技安全底线的基础上，不断追求创新效率，建立健全金融科技风险防控体系，提升风险补偿能力，在实践中摸索出一条兼顾安全与效率的金融科技发展之路。一方面，汲取"监管沙箱"等国际创新监管经验，深入研究有弹性的差异化监管方式；加强统筹规划、部门协作和制度建设，运用穿透式监管手段防范业务风险；另一方面，引导金融机构积极参与，扶持真正具有技术创新含量的金融科技应用，适时建立技术创新应用的试错、容错、纠错机制，不断激发技术创新活力。

五、坚持问题导向，解决数字鸿沟

普惠金融主要的服务对象是老年人、农民等弱势群体。这一群体受教育程度低、收入低、年龄大，对数字技术的理解能力低、互联网金融应用水平低、承担风险能力弱，主观上不信任新兴数字金融产品，有排斥抵触心理，也不会、不擅长使用数字金融产品，因此容易产生"数字鸿沟"问题。同时，由于各地区经济发展水平和互联网基础设施建设不均衡，农村通信基础设施建设滞后，手机网络信号差，农民知识

---

① 中国人民银行金融消费权益保护局课题组. 数字时代的金融能力培养[C]. 2020-03.

起点低，缺乏科技意识，也是造成"数字鸿沟"问题的重要原因之一。[①]针对这一问题，应统筹实体和数字两种服务方式，推进数字普惠金融协调发展。

一是平衡好数字金融与传统金融的关系。指导银行机构优化服务流程，协调推进线上、线下服务，更好地服务普惠金融重点群体。对于依赖传统金融服务的老年人等群体，不应"一刀切"地推广使用数字金融工具，而应在保持传统服务功能、满足消费者多元选择的同时，注重普惠金融发展形式的多样化，线上线下相结合，传统金融、数字金融相结合，设计推广更人性化的、更有针对性的服务规范。

二是加强数字普惠金融知识宣传普及。首先，利用广播电视、报纸杂志、手机新闻等与用户日常生活密切相关的渠道，多角度、多方式地进行数字普惠金融知识的长期普及。针对低收入人群、创业企业、残疾劳动者等开展专项培训活动，还可号召银行机构的工作人员或是高校学生对其进行"一对一"的专项辅导，使这类群体掌握符合其需要的数字普惠金融知识。其次，在公众平台上定期发布有关金融的新闻和最新政策。针对金融诈骗中的典型案例，利用各种新闻传播手段进行宣传教育，提高用户的风险意识和风险识别能力。宣传中应以"风险与收益对等""收益自享、风险自担"的理念为主，提醒用户警惕以高收益来吸引投资的互联网平台，引导用户根据自身实际承受能力以及投资需求进行理性的判断和选择。

三是改善偏远地区基础设施建设。政府要推动光纤入户工程继续向

---

① 徐忠. 在2017年中国普惠金融国际论坛上所作的"扬长避短，规范发展，推进数字普惠，迈向共同富裕"的主题演讲，中国金融论坛网站，访问时间2020年3月23日，网址为http://www.cff.org.cn/zgjrlt/cffzj/_101502/101879/123317/index.html。

农村延伸，提升农村居民互联网使用比率，通过财政补贴、公开招标、价格管制等方式，推动互联网服务提供商为农村居民特别是中低收入居民和边远地区农村居民提供质优价廉的网络服务。银行机构要充分利用移动互联网、安全单元、支付令牌等创新技术，开展便捷的移动金融服务。同时，根据地区差异，充分利用信息科技开展金融教育，通过网上讲解、远程指导、媒体宣传等方式，拓展金融教育应用范围。

六、坚持效果导向，实现发展目标

为有效提升国民金融能力，需要认识到，从全面普及金融知识、提升金融能力到促进经济增长，这三个方面是相辅相成，相互促进的。只有具备一定的金融知识才能真正树立使用金融服务的信心和保护自我合法权益的能力，只有金融能力提升了，才能扩大金融需求，进一步促进经济的发展，形成良性的循环。

（一）坚持金融宣教，全面普及金融知识

既要长远考虑稳步推进金融知识纳入国民教育体系，继续关注低收入、低学历、非就业、老少等群体的金融素养状况，结合群体特性开展适宜的金融宣教活动，着重提升消费者的金融知识和技能，改善消费者的金融行为，又要针对老龄人口、村镇及边远地区居民、进城务工人员、低收入人群等不同群体和对象的特点和需求，深入开展差异化的金融宣教并实现宣教政策的适当倾斜，以帮助其提高对金融产品和服务的认识，促进社会平衡发展。

（二）树立信心意识，快速提升金融能力

一方面，金融消费者要树立购买和使用金融服务的意识，监管机

构要转换监管方式，采取有效措施防范金融风险，而不是集中于在发生金融"事故"后再采取补救措施，要逐步建立公众对金融市场的信任。另一方面，金融消费者要树立维权意识和提升维权能力。金融消费者在正常业务中权益受到侵犯或遭受金融诈骗时，应有能力采取合法有效的维权措施，维护自身的合法权益。维权能力是金融能力中的重要内容之一，尤其在非法金融事件频发的状况下。要加强金融消费者的合法维权意识，利用外部力量规范金融机构的行为、打击非法金融活动，从而保护金融消费者整体的合法权益。

（三）提升全民金融能力，促进经济增长

研究和实践证明，资产增长与金融能力是正向相关的。一方面，提升国民金融能力可以与金融扶贫措施有效结合，广泛链接和动员不同类型金融机构主体在扶贫中的参与；另一方面，金融能力建设也应突破狭义的市场和经济开发逻辑的金融服务，关注到更广泛的个体、家庭与社区的发展状况与需要，包括促进陷入经济困境的个人、家庭及社区获得更加普惠平等的金融参与机会，提升其识别和应对经济风险的能力，促进贫困对象获得更好的社会保护与福祉。例如中低收入群体按揭购房、使用信用卡、购买相应风险等级的理财产品、购买国债、购汇等，这也是金融业发展的宗旨和目标——提高经济效率、促进社会发展。[1]

七、坚持守正创新，注重以人为本

（一）坚持以人民为中心

金融消费权益保护秉持的金融为民理念，是以人民为中心发展思

---

[1] 邓锁. 社会发展、金融能力与社会工作参与反贫困[J]. 中国社会工作，2018（1）.

想在金融领域的生动实践，体现在国民金融能力发展方面，就是要让社会各层面的人民群众都能享受到金融知识的普及教育权利。只有坚持以人民为中心，做到金融为民，以人民对美好生活的向往为中心点，推出人民群众愿意接受的金融产品，乐于接受的金融知识，喜爱的传播方式，才能真正提升国民的金融能力。

（二）金融能力发展方式创新始终坚守金融根本

运用新思路、新手段、新途径提升金融能力，特别是通过互联网、手机 APP 等新媒体方式，运用金融科技创新发展提高民众金融活动参与度、便捷度，形成 24 小时全维度、全方位、多角度、多层次"互联网+"宣传态势，深化民众对金融知识的认知程度，无论金融能力发展方式如何创新，必须始终如一让公众认识到金融科技的本质是金融，尤其要提升公众对金融创新中的良莠不齐和鱼龙混杂的现象，以及为了创新而创新的盲目跟风现象的识别力和鉴定力，有针对性地进行知识普及和能力培养。此外，培养公众正确的金融观，要牢牢把握金融科技的核心和本质，忠实履行金融的天职和使命，着力提升金融能力对实体经济的痛点和难点消弥的贡献度，发挥金融能力对金融科技偏离度的修正作用，把准正确的发展方向，使创新成果更具生命力。

（三）打造个性化和差异化服务

提升国民金融能力不能拘泥于传统、拘泥于条条框框，必须坚持创新原则，用新技术、新机制、新路径、新模式打破掣肘，这样才能真正做到被动接受到主动受教的转变，打通知识传播的"最后一公里"。实践证明，通过产品和服务创新，能够为"三农"、小微型企业和贫困人口等低收入群体提供个性化、差异化的金融服务，这些特殊人群在使用或者参与相关金融服务的过程中，更能增进其对金融服务的了解和认知。

（四）开展娱乐性知识教育

在教育内容中融入娱乐元素，可以使金融消费者的金融学习更愉快，激发和维持金融消费者金融学习的兴趣。娱乐性金融教育旨在让受众在娱乐中学习，在学习中娱乐，在金融消费者的通常娱乐方式中嵌入金融教育，有助于提升金融消费者学习金融知识和提高金融能力的主观意愿。目前金融消费者主要的娱乐方式包括电视、社交平台和游戏等。部分电视剧将老年人遭受非法集资诈骗的事件加入到剧情中，引起了观众对此类事件的关注。对此，金融监管机构或金融机构可以加强与媒体的合作，在日后可能热播的电视剧中加入金融元素，尤其是关于金融诈骗的情节元素。另外，社交平台的小程序游戏也成为娱乐性教育发展的重要趋势之一。2019年"金融知识普及月"期间，中国人民银行联合腾讯财付通开发和发布了全国首个金融小游戏——"保卫钱袋子"。"保卫钱袋子"设计为塔防类游戏，并在攻击加速和获取游戏金币上加入金融知识问答内容。中国人民银行和腾讯将金融知识与小游戏程序相结合，并在具有广泛影响力的社交平台上发布，有助于扩大金融知识传播的影响基础。鉴于此，相关部门可以通过培养社会责任感或其他适当的方式，鼓励相应具备资金和技术实力的企业开发多样的金融小游戏，促进以游戏为载体的娱乐性教育的发展。

（五）注重数据安全和个人隐私保护

当前，全球都面临技术快速发展而数据保护不足的问题，个人隐私信息泄露重大案件频发。使数据主体获得尊重和安全感，同时推动数据市场的有序发展，成为提升金融创新和服务能力的重大课题。首先，要能保障数据主体的保密权，以及获取、利用、支配其信息的权利，允许或者不允许他人获悉或者使用自己信息的权利。目前我国立法机构已经明确要求金融机构收集信息应当遵循合法、正当、必要的原则，并承担征得用户同意的义务、明示收集使用规则的义务、保护数据安全的义务。其次，在智能金融快速发展的态势下，还要确保给予或剥夺消费者权益的最终决定由人类而不是机器作出，确保人的主体地位。

参考文献

［1］习近平．习近平谈治国理政［M］．北京：外交出版社，2020．

［2］刘国强．我国消费者金融素养现状研究——基于2017年消费者金融素养问卷调查［J］．金融研究，2018（3）．

［3］中国人民银行．金融知识普及读本［M］．北京：中国金融出版社，2007．

［4］世界银行．金融消费者保护的良好经验［M］．中国人民银行金融消费权益保护局，译．北京：中国金融出版社，2019．

［5］世界银行．世界金融能力调查：金融能力的重要性与调查的作用［R］．2013-08．

［6］中国人民银行金融消费权益保护局课题组．数字时代的金融能力培养［C］．2020-03．

［7］中国人民银行金融消费权益保护局数字普惠金融课题组．中国数字普惠金融的探索与实践［N］．金融时报，2019-10-14．

［8］中国金融培训中心．中国金融能力导论［M］．北京：中国金融出版社，2013．

［9］余文建，等．消费者金融素养指数模型构建与分析［J］．上海金融，2017（4）．

［10］余文建．推进金融知识纳入国民教育体系的几点思考［J］．清华金融评论，2017（6）．

［11］张韶华．澳大利亚金融消费者保护体系及其借鉴［J］．金融发展研究，2015（6）：45-48．

［12］王怀勇，邓若翰．互联网金融消费者教育制度研究［J］．南方金融，2017（11）：77-83．

［13］黄倩，李政，熊德平．数字普惠金融的减贫效应及其传导机制［J］．改革，2019（11）：243-254．

［14］周浙．论大数据时代个人隐私保护的现实困境与破局之术［J］．征信，2019（12）：43-47．

［15］宋亮华．金融科技银行转型战略的企业教育解决方案刍探——基于数字时代金融科技生态的系统性教育［J］．金融理论与教学，2018（5）：21-26．

［16］马运全．金融教育有效性评估经验、框架及借鉴［J］．金融教育研究，2017（5）：71-76．

［17］董玉峰，路振家．金融普及教育存在的问题、国际借鉴及对策［J］．金融理论与教学，2016（1）：84-86．

［18］杨柳．英美金融宣传教育的经验及启示［J］．武汉金融，2012（4）：31-32+36．

［19］陈萍．构建我国金融消费者保护体系的若干思路——基于美国、英国、日本的经验［J］．金融与经济，2011（12）：26-29+83．

［20］罗伯特·斯莱文．教育心理学：理论与实践（第10版）［M］．吕红梅，姚梅林等，译．北京：人民邮电出版社，2016．

［21］吴雨,宋全云．金融素养与中国家庭经济金融行为［M］．成都：西南财经大学出版社，2020．

［22］李稻葵，刘淳，庞家任．金融基础设施对经济发展的推动作用研究［J］．金融研究，2016（2）．

［23］宁光杰．居民财产性收入差距：能力差异还是制度阻碍？——来自中国家庭金融调查的证据［J］．经济研究，2014（S1）．

［24］胡振，臧日宏．收入风险、金融教育与家庭金融市场参与［J］．统计研究，2016（12）．

［25］苏庭栋，陆峰．联合国数字合作报告给我国数字治理带来的思考［J］．中国信息化周报，2020（3）．

［26］中国人民银行武汉分行办公室课题组．人工智能在金融领域的应用及应对［J］．武汉金融，2016（7）．

［27］龚强．云计算应用展望与思考［J］．信息技术，2013（1）．

［28］武晓钊．物联网时代的金融服务与创新［J］．中国流通经济，2013（7）．

［29］岳伟丽．新时期我国金融安全战略研究［J］．人民论坛，2015（2）．

［30］王骥．家庭资产配置行为与我国系统性金融风险——基于内生增长模型与金融效率的经济分析［J］．金融经济，2020（2）．

［31］裴祥宇．金融化背景下美国贫富差距的扩大及其影响［J］．福建师范大学学报（哲学社会科学版），2020（1）．

［32］王琳，李珂珂．我国金融扶贫的长效机制构建研究［J］．学习与探索，2020（2）．

［33］袁敬涛，赵泽轩．国民金融素质教育亟待加强［N］．中国农村信用合作报，2017-03-21．

［34］徐忠．在2017年中国普惠金融国际论坛上所作的"扬长避短，规范发展，推进数字普惠，迈向共同富裕"的主题演讲［EB/OL］．（2020-03-23）．http://dwz.date/cFgu．

［35］邓锁. 社会发展、金融能力与社会工作参与反贫困［J］. 中国社会工作，2018（1）.

［36］尹优平. 数字时代的国民金融能力与权益保护［J］. 当代金融家，2020（9）.

［37］尹优平. 构建金融科技时代的金融消费权益保护体系［J］. 当代金融家，2020（2-3）.

［38］尹优平. 坚持金融为民 注重科技赋能 推动数字时代金融消费者教育纵深发展［J］. 金融会计，2020（4）.

［39］尹优平. 金融消费者信息保护信条：知情同意［J］. 财经，2020（16）.

［40］尹优平. 金融科技助推普惠金融［J］. 中国金融，2017（22）.

［41］尹优平. FINTECH时代的数字金融教育［J］. 金融博览，2018（3）.

［42］尹优平. 金融科技时代要更加关注普惠金融消费权益保护［J］. 中国银行业，2017（9）.

［43］尹优平. 互联网金融消费者权益保护［J］. 中国金融，2014（12）.

［44］尹优平. 金融消费者权益保护实践［J］. 中国金融，2013（19）.

［45］尹优平，盛浙湘. 互联网金融消费者权益保护研究——基于行为金融监管的视角［M］. 北京：中国金融出版社，2017.

［46］Ameriks J, Caplin A, Leahy J. Wealth Accumulation and the Propensity to Plan[J]. The Quarterly Journal of Economics, 2003, 118(3): 1007-1047.

［47］Van Rooij MCJ, Lusardi A, Alessie RJM. Financial Literacy, Retirement Planning and Household Wealth[J]. The Economic

Journal, 2012, 122(560): 449-478.

[48] Calvet LE, Campbell JY, Sodini P. Measuring the Financial Sophistication of Households[J]. American Economic Review, 2009, 99(2): 393-398.

[49] Gaudecker H M V. How Does Household Portfolio Diversification Vary with Financial Literacy and Financial Advice? [J]. The Journal of Finance, 2015, 70(2): 489-507.

[50] Haliassos M, Bertaut CC.Why Do So Few Hold Stocks? [J]. The Economic Journal, 1995: 1110-1129.

[51] Choi J J, Laibson D, Madrian B C, et al. Reinforcement Learning and Savings Behavior, The Journal of Finance, 2009, 64(6): 2515-2534.

[52] Willis L E.The Financial Education Fallacy[J]. The American Economic Review, 2011, 101(3): 429-434.

[53] Lusardi A, Mitchelli O.Financial Literacy and Retirement Preparedness: Evidence and Implications for Financial Education[J]. Business Economics, 2007, 42(1): 35-44.

[54] Danns, D. Financial Education in U.S. State Colleges and Universities: Establishing and Building Programs[M]. Germany: Springer International Publishing, 2016.

[55] Cude, B. Consumer Knowledge and Financial Decisions[M]. Germany: Springer International Publishing, 2012.

[56] Walstad W B, Rebeck K, Macdonald R A, et al. The Effects of Financial Education on the Financial Knowledge of High School Students[J]. Journal of Consumer Affairs, 2010, 44(2): 336-357.

[57] Connell A O. Evaluating the Effectiveness of Financial

Education Programmes[J]. OECD Journal: General Papers, 2008(3): 9-51.

[58] Becchetti, L. and F. Pisani. Financial Education on Secondary School Students: The Randomized Experiment Revisited[R]. Aiccon Working Paper No. 98, 2012.

后 记

　　随着现代信息与数字科技的发展，全球已进入一个以移动互联网为核心的全新数字时代，经济金融与社会的数字化推动金融产品不断创新和金融衍生模式不断出现，对金融消费者素养和能力提出了更高要求，金融消费者教育和权益保护也悄然发生变革。我们知道，金融能力已经成为每个公民适应数字时代要求的关键能力，国民金融能力也成为衡量一个国家金融市场发达程度和成熟程度的一项重要指标。开展国民金融能力研究对于新时代发展数字普惠金融、防范和化解系统性金融风险、推动金融业高质量发展都具有十分重要的意义。正是基于这一考量，我才着手以金融能力培育和发展为主题开始构思提纲，几经反复终于形成大纲。本书是笔者从事金融消费权益保护工作特别是具体分管金融教育工作以来的理论研究与实践探索成果，从选题、构思到拟定写作提纲，从搜集资料、形成初稿、反复修改到最终定稿、付诸印刷，其间的酸甜苦辣回味无穷，令人难忘。

　　本书的顺利付梓，得益于中国人民银行总行各位行领导、金融消费权益保护局和有关分支行金融消费权益保护部门的大力支持。特别要感谢余文建局长、马绍刚副局长、杨继宏副局长、陈小五副主任的精心指导；感谢王璠、武岳、李潇潇、章于芳、孙崇昌等各位处长的宝贵意见；由衷感谢张璇、华国斌、陈伟、王军、胡朋、李伟等同事和学生的热情参与，他们在本书材料收集与写作过程中贡献了智慧和力量。正是基于上述领导和同事们丰富的实践经历及独到的专业精神，以及大家团结协作、各尽所能、各展所长、互学互鉴，本书才能更好地从制度机制设计、政策落地实施、基层实践体验、工作效果评估、国际经验借鉴等多个维度和视角客观分析梳理国民金融能力发展现状、国际经验及存在的问题，并针对性地提出对策建议，进一步发挥了系统集成效应。

感谢中国互联网金融协会李东荣会长、中国金融教育发展基金会杨子强理事长的长期支持和关心，感谢上海黄金交易所焦瑾璞理事长的关心支持，感谢中国地方金融研究院汤烫副院长、吴小平副院长及张宏伟秘书长的指导，感谢中国普惠金融研究院贝多广院长、刘澄清秘书长以及VISA全球副总裁、大中华区总裁于雪莉和中国区普惠金融及教育负责人王东，感谢我的恩师"中国金融学科终身成就奖（2013）"获得者曾康霖教授润物细无声的谆谆教诲！

在此对我的家人表示由衷的谢意，感谢慈祥的母亲和热心的岳父给予我无尽的厚爱，感谢爱人常青和儿子尹浩宇在学习生活中给予我贴心的关爱！正是他们的理解、鼓励及支持，才使我有信心顺利完成本书！

特别感谢中国金融出版社蒋万进董事长、郭建伟总编辑以及张铁主任和他的编辑团队为本书的及时出版付出的辛勤劳动，正是他们的敬业、专业精神使本书锦上添花、相得益彰！

真诚感谢所有为本书提供素材和帮助的各位领导、同事及朋友们！

谨以此书献给蓬勃发展、未来可期的中国金融教育事业！

囿于作者水平能力，本书虽经反复修改，但不足及疏漏之处在所难免，敬请各位读者批评指正。

尹优平

2021年1月